백 년 동안의 세계대전

백 년 동안의 세계대전

서효인 시집

민음의 시 179

自序

세계를 간신히 줄여 놓은 지도를 보고 있으면 그곳에 죽은 사람들의 몸이 보인다. 슬픔도 역겨움도 아닌 감정이 해안선을 따라 고꾸라진다. 이것을 감히 시라고 부를 용기가 없다. 용기라는 감정은 부재로부터 끌어올려야 한다. 그것이 나는 즐겁다.

지금, 이곳의 세계는 어떻게 기억될 것인가.

광장과 크레인, 자동차와 열아홉, 김수영과 시, 쥐와 돼지, 우연과 필연, 몸과 가래, 방사능과 손가락, 당신과 당신. 기억의 세포를 죽이지 않으려는 헛된 갈망이 시로 화했다. 우리에게 복된 훈장은 말(言)이 아니라 세계고, 그것에 대한 모방이 아니라 그것으로 인한 창조다. 같은 시대를 같은 세계에서 우리는 산다. 같이 일어나고 같이 누울 것이다. 그것은 활기찬 비극이다. 여럿이라서 기꺼한 비극이다. 그래서 괜찮다. 손바닥을 내보인다. 마주칠 당신의 손을 기다리면서.

2011년 겨울
서효인

차례

自序

1부 마그마

마그마　13
우리 동네에 왔던 선원들은 모두　14
헤르체고비나 반성문　16
다마스쿠스 여행 에세이　18
체첸 교과서　20
오키나와 복음서　22
아이티 회의록　24
피레네 배송 일지　26
아프리카 논픽션　28
관타나모 포르노　31
로마 견문록　32
서양 소설　34
스탈린그라드 러브 스토리　36
유보트　38
저글링　40
남극 일기　42
백 년 동안의 세계대전　45

2부 아주 도덕적인 자의 5분

아주 도덕적인 자의 5분　　49
탁구공　51
가정집　52
뜀틀 시범　54
송년회　55
예비군 연병장　56
오늘은 카약　58
아쿠아리움　60
등산객　62
인문대 소강당　64
클리닉　66
육상　68
플라톤 논술 학원　70
공중화장실　72
식목일　74
오누이는 친절해요　76
아임 스트레인지 히어　78

3부 핍진성

정신력　　　83
여의도　　　84
그의 옆집　　　86
과연　　88
기차 여행　　　89
도자기 뼈　　　92
성실한 방학　　　94
아스팔트 사나이　　　96
11시 45분　　　98
부서지는 동그라미　　　99
낯선 도시의 시청 앞　　　100
눈의 여왕　　　102
우리는 완전히 다른 사람　　　104
옥상에서 일어난 모든 일은 비밀이야　　　106
대축척지도　　　108
핍진성　　　110

작품 해설 / 박슬기　　　113
총력전 시대의 정치시 — 들끓는 마음의 윤리

1부

마그마

마그마

아이티에서 진흙 쿠키를 먹는 아이를 보면서 밥을 굶지 말자, 진흙 같은 마음을 구웠다. 내전이 빈번한 나라처럼 부글부글 끓는다. 라면 같은 그것을 날마다 먹어야 한다. 스스로를 아끼자, 스프 같은 마음을 삼켰다. 한 장의 휴지를 아끼기 위하여 코를 마셨다. 자위를 삼갔다. 물로 닦았다. 성병 걸린 르완다 여자애를 떠올리며 성호를 그었다. 이마에서 배로 손가락을 옮길 때 손을 잘 씻어야지, 불현듯 다짐했다. 지진을 대비한 건물처럼 잘 휘어지는 마음. 변덕을 견디며 체위는 다양해져 갔다. 깨끗한 사람이 되기 위해 거품을 일으켰다. 부글부글 빨리 익었다. 모스크바에서 황산을 뒤집어쓴 베트남 유학생 얘기를 들으며 편식하지 말아야지, 생각했다. 뭐든 차별은 나쁜 일. 풀과 나뭇잎의 색을 사랑하기로 마음먹었다. 쌀국수를 먹을 때는 꼭꼭 씹는 게 중요합니다, 의사는 말했다. 할례 의식 중인 꼬마를 보며 의사의 말을 되씹었다. 꼭꼭 씹어 삼킨 다음엔 양치질을 오래 하리라, 삐친 사람의 입처럼 벌어지지 않던 꼬마의 그곳이 벌어지자 치약이 목구멍으로 넘어간다. 마그마처럼 헛구역질을 하며 괴상한 소리를 내 본다. 뜨거운 다짐들이 피부를 뚫고 폭발한다. 바로 이곳에 서 있다. 들끓는 마음을 가진, 괴물.

우리 동네에 왔던 선원들은 모두

보트피플이 온다. 검정 전기 해파리를 닮았다. 척추부터 전해 오는 죄책감이 고래를 춤추게 했다. 스파크처럼 바다 한가운데서 접선해 서로의 손목을 붙잡는다. 네 손과 내 손 모두 소금처럼 새하얘질 때까지. 손끝에 닿지 못하고 멈춘 피들은 모조리 그 색이 그 색이다. 무섭고 뜨겁고 버거운

포경선이 온다. 선정적인 두께의 시가를 닮았다. 혀끝으로 전달하는 친근함이 고래를 방심하게 했다. 먼 바다의 기근에 시달린 자들, 담배처럼 얼굴부터 붉어진다. 태양이 떠오를 시간이다. 곡선의 움직임에 따라 같은 증상의 멀미에 시달렸다. 오래도록 굵은 귀에서 쏟아지는 재, 억지 기침을 뱉으며

그린피스가 온다. 딱 한 번 걷어차고픈 엉덩이를 닮았다. 한없이 푸른 책임감이 고래를 숨차게 했다. 작살 든 대머리 살인마를 쫓아 뒷걸음으로 움직인다. 웃기 위해 얼굴이 굳었다. 한때는 비장한 동지였고, 이제는 듬직한 동료다. 굳기 위해 뒷걸음, 뒷걸음. 용서와 화해로 닳고 닳은 엉덩이를 털며

쇄빙선이 온다. 벌어진 앞니를 닮았다. 다가올 여름이 두려운가. 답을 정하고 던지는 물음이 고래를 미치게 했다. 깨진 얼음은 날카롭지만, 녹으니까 네가 참아. 그것이 여름이 가진 활달한 성격이었다. 얼음을 갈며 끝처럼 명확한 인과관계를 강조한다. 조각난 빙하의 연대를 살피느라 눈이 시린

경비선이 온다. 집짐승의 잘려 나간 꼬리를 닮았다. 꼬리에 꼬리를 문 고래가 뿌리의 뿌리를 찾아 꼬리를 흔든다. 뿌리가 없다. 부딪히는 곳마다 공허다. 하얗게 잘린 손 위로 재와 연기가 솟아오른다. 사방으로 흩어지는 불투명한 기체. 예민한 개처럼 나침반에 코를 박는다. 파도의 유유한 춤사위 안

부유하는 자들이 뒤섞이는 동네의 거대한 파도를 본다. 우리를 집어삼킬까? 뱃머리가 다 잠겨서야, 고래는 풀썩거린다. 벗어날 수 없는 거대한 동네에, 그들은 모두 좌초되고

헤르체고비나 반성문

태어나서 죄송합니다
미안한 마음으로 참호를 만듭니다
삽의 끝이 점점 둥그렇게 변합니다
삽을 쥔 손가락이 삽이 됩니다
손을 달고 있는 팔이 삽이 됩니다
팔을 지탱하는 몸통은 진즉에 삽입니다
허리가 삽인 것은 말할 것도 없습니다
삽은 존중받을 가치가 없습니다
삽이라서 죄송합니다

참호의 방향은
오전 10시 어머니의 심정처럼
복잡해 종잡을 수 없어
그냥 밑으로 파고들기로 합니다
이사 날의 침대 밑이랄까
최후의 5분이랄까
인종 청소랄까
빵을 위한 새벽의 긴 줄이랄까
제단에서 벌이는 린치랄까

군인 앞에 선 추녀 이교도랄까
유기견의 성대랄까
상상해서 죄송합니다
말이 많아 잘못했습니다

삽이 된 몸이 총자루를 꼭 그러모으고
언 땅에 머리를 박습니다
차마 아무도 쏠 수가 없고 해서
밑으로 열렬히 파고들기로 합니다
우리의 종교는 삽에게 알몸을 내어 주던
땅 아래에 있었군요 가만히
서로의 바닥을 봅니다

참호 안에서 우리끼리
죄송하다 말하고
괜찮다고

다마스쿠스 여행 에세이

 놀랍게도 우리와 비슷한 색의 피가 지상을 더럽혔다. 푸른 깃의 기사는 긴 창에 이교도의 내장을 걸치고 뜻대로 이루어지소서! 외쳤다. 저런 물컹한 발음은 불어인가? 독어인가? 땅의 말은 진작부터 뒤섞였다. 함성 후에 누군가 죽었다. 어리석은 영혼이 감히 천국의 문을 두드리고 있습니다. 사제의 붉은 수염이 바람에 흩날린다. 저런 난해한 기도는 마녀 때문인가? 푸른 깃발 때문인가? 배교를 거듭한 동쪽의 형제들은 항문에 정수리를 박은 채 모두 처형됐다고 한다. 흉흉한 소문에 동료들은 밤마다 께름칙한 마음으로 바지를 추슬렀다.

 태양은 국자에 가득 담긴 야채수프처럼 붉은 즙을 떨어뜨린다. 마른 감자가 아스라한 사막의 열기를 뿜는다. 푸른 깃은 헛것을 보는 거라 했다. 환상은 악마에게 현혹된 증표이니! 말안장에 앉아 희번덕댔다. 악마는 한가하고 주님은 바쁜가? 손가락째 베어 온 이교도의 반지가 속주머니에서 문을 두드린다. 시커먼 중지가 동그라미를 그린다. 이런 모양의 종기는 오스만식인가? 그리스정교식인가? 이교도의 갑작스런 노크에 단말마 같은 공용어가 튀어나온다. 푸른 깃과 붉은 수염이 눈을 마주친다.

  반지와 망원경, 안경과 거울 따위를 주섬주섬 챙기며 우리는 다마스쿠스에 왔다. 아치형 성문은 악마의 입처럼 보인다. 복된 자여, 가시면류관을 쓸 시간이로다! 푸른 깃이 창을 높이 들고 외친다. 붉은 수염이 오래 박수 친다. 대체 그곳에는 얼마나 많은 천사가 있기에, 가는 길마다 악마가 득시글거리는가? 굽은 자세의 동료들이 바지를 벗고 서서히 다가온다. 여행의 끝에 와서야 고향의 말을 지껄이며 손사래 친다. 우리가 갈 곳은 십자가의 길 아니오? 다마스쿠스 아니오? 놀랍게도 내 살이 불타는 향은 이교도가 익는 냄새와 별반 다르지 않았다. 공기가, 더러워지기 시작한다.

체첸 교과서

키옙스키는 사춘기
키옙스키는 궁금했다
밤과 낮을 가르는 기준
이슬람과 러시아정교의 차이
보드카 중독과 아버지의 내력
흑해와 홍해의 너비
미국 가수와 영어 선생의 속옷

키옙스키는 어젯밤 처음으로 자위를 했고
벽에 튀어 버린 액체를 보고 겁에 질렸다
삼촌을 쏘아 죽이던 러시아 소총의 동그란 끝
아래위로 움직이던 팔목과 총구
알라신은 결코 용서치 않을 것이다
생각보다 자비가 없는 분이다 삼촌을 통해 알았다
그는 아메리칸 여배우를 좋아했으니까
키옙스키는 송유관을 따라 빠르게 걷는다
대지를 따라 끝없이

동북쪽의 노조와 남서쪽의 어린이들

원리주의와 고르바초프
과일 통조림과 철갑상어
탈레반과 미국 드라마
전기의 원리와 에디슨의 끈기
가르고 지나간다 석유는 쿨렁쿨렁

키옙스키는 길을 잃지 않는다
아버지가 용서치 않을 것이다
그를 말리던 삼촌이 그립다
총구에서 솟구치던 액체의 방향성을
신은 알고나 있을까
키옙스키는 사춘기
궁금함이 튀어 나간다

오키나와 복음서

　성당 형에게 혼난 후에 맥주 마신다. 나는 차라리 보리 열매로 세계를 만들고 싶다. 다시 태어나는 것이다. 거품 같은 피부와 노란 머리칼, 오뚝하고 맵시 있는 양인처럼

　화음이 맞지 않는다는 이유로 오늘 저녁 미사는 엉망이 된 인생처럼 길었다. 잠시 졸아 버린 신자 또한 그분의 어려운 뜻 아니겠는가. 봐요, 아일랜드의 그레고리 성가를 모르시나 봐. 나는 말대답의 교황, 깐족거리는 참치. 미사 후에 남은 저녁은 따라 놓은 맥주처럼 급히 사라진다.

　성모송의 중간 즈음, 나는 왜 웃음이 터졌을까. 지휘자가 째려볼 때마저도 어째 멈추지 못했나. 에로비디오 감독처럼 입 끝이 상승했나. 성당 안에 무수한 화난 형들. 섬 안에 하나 달랑 하나뿐인 성당.

　혼난 후에 맥주 마신다. 기분 풀라 말하며 복부를 가르라 명한다. 나는 논리적으로 말할 수 있지. 끝까지 살 거다. 이렇게 살진 않을 테다. 화음이 없는 세계의 멋있는 스파이로, 협동하지 않는 마을의 빛나는 게릴라로. 거참, 말끝마

다 음매, 음매, 그게 뭡니까. 맥주 마시면 화장실 가야 한다. 볼품없이 작게 만들어 주신 그분의 어련한 뜻을 찢어진 두 눈으로 확인하고자

   열등한 유전자가
맥주색으로 변해 졸졸 떨어진다.

아이티 회의록

그들은 단지
운이 없었을 뿐일까
여기와 이때

대재앙의 이유를 알기 위해 우리는 모였다 오른쪽과 왼쪽에 앉을 사람을 구분하기 위한 파티가 먼저였다 파티로 보낸 시간에 대해서는 입 다물기로 한다 누구도 본인의 자리에 만족하지 못했고 토론에 불참하는 자가 부지기수였다 뒤를 돌아보세요, 그의 아이디어로 우리는 오른쪽과 왼쪽이 순식간에 바뀌는 기적을 보았다 카리브 해에서 우리는 격정적으로 화해했다 옷깃만 스쳐도 인연이라는데, 해변의 여인들은 옷을 입지 않고 밝게 웃어 주기만 하였다 뒤를 돌아보면 큰 지진으로 키우던 염소가 죽고 해일로 말려놓은 이불 빨래가 엉망이 되어 있었다 내가 살던 가정집에서 일어난 일이기에 나는 화가 난다 네 조국의 수도에서 벌어진 일이기에 우리는 의논한다 바다 건너 영화배우가 어마어마한 기부에 열심이었고, 엄마를 잃은 아이는 고추가 아프다 얼마나 많은 사람이 죽었습니까? 대재앙에 관련된 회의를 하러 모였다는 자체에 의미가 있다는 것이죠, 그의 탁월한 의사 진행에 우리는 휴양도시의 노부부처럼 여유로워졌다 다음에 다시 모여 토론하자는 의견의 합치로 회의 결과를 이끌어 냈다 우리는 전통 의상을 빌려 입고 선홍빛 잇몸을 드러내며 여기와 이때를 사진으로 남긴다. 끝.

피레네 배송 일지

 산맥의 등허리 즈음에서 트럭 운전수 기욤은 뇌경색을 일으켰다. 트래핑을 하던 중이었다. 패스가 그의 가슴께로 오고 있었고 한때 지역 축구계의 유망주였던 그는 볼록한 심장을 공에게 내주었다. 골을 넣고 싶었다. 둥근 물체는 자비심 없이 그곳에 머릴 디밀고, 토마토처럼 그는 눈을 질끈 감는다. 곧이어 입술 사이로 긴 면 삼키는 소리가 들린다. 무릎을 다친 이후로 기욤은 점점 늙고 붉고 붙었다. 배불뚝이가 된 기욤에게 사람들은 토마토를 던졌다. 6월의 폭죽처럼 터지는 골, 그의 트럭에는 여럿의 환호가 한데 뒤엉켜 골 세리머니를 하고 있었다. 앞뒤가 같은 발음으로 서로를 깔아뭉갰다. 바닥에 깔린 토마토가 뇌경색을 일으킨다. 카탈루냐의 붉은 즙이 기욤의 허벅지로 튄다. 오늘 아침 스포츠 채널에서는 지구 반대편의 우월한 유전자들이 축구 선수 같은 자세로 트럭에 올라타고 있었다. 원산지를 속인 토마토가 서로의 정강이를 걷어찬다. 토마토는 토마토로 태어나고 축구 선수는 축구 선수로 죽는다. 파스타는 식어 가고 축구장에서 싸움이 난다. 기욤은 속도를 높인다.

 지구의 식량은 산 것의 혈액처럼 곳곳을 돌아다닌다. 기욤의 피는 들것에 실려 나오는 토마토가 되어 모로 눕는다.

   기욤의 트럭이 으깨지고 있다.
   기욤은 트래핑 중이었다.
   토마토 하나가 멀리 튀어 나간다.

아프리카 논픽션

 양가죽 타악기처럼 툭 튀어나온 저 엉덩이를 보게 놀랍지 않은가, 콜린스가 말했다. 이곳에 튀어나오지 않은 곳이 어디란 말인가, 올리비에가 빈정거렸다. 논점에서 벗어난 지적이군, 콜린스가 헛웃음으로 대화의 주도권을 장악하려 했다. 고대 중국의 현자가 되어 돌연 진지해지는 사나이들.

 저 음순이야말로 빅토리아 호수의 현신이지 않은가 말일세, 올리비에가 경탄조로 말했다. 파리 뒷골목의 유곽과는 차원이 다른 폭포랄까, 콜린스가 한마디 덧붙인다. 그렇겠지, 자네처럼 아무 데나 싸 대는 물건은 아니겠지, 올리비에의 미간이 구부러진다. 복수의 후궁처럼 날카로워지는 두 남자.

 그만하지, 닥쳐 애송이, 둘은 오랜만에 서로의 파란 눈을 정면으로 응시한다. 콜린스와 올리비에는 엉덩이와 젖가슴을 주물러 본다. 암흑의 주술에 걸릴까 내심 두렵다. 혹은 까만색이 더럽다고 느낀다. 아니면 시커먼 그것들을 달고 있는 동물의 눈빛이 어쩐지 몸 같다고 느낀다. 여기는 터무니없이 덥군, 올리비에가 먼저 딴청을 피운다. 콜린스가 헛기침을 한다.

　콜린스가 운을 뗀다. 친구여, 고향으로 가세! 순회공연을 하세! 가짜 불기둥을 뛰어넘는 벵골호랑이보다는 흥미로울 거야! 올리비에가 화답한다. 그거 불티가 나겠구먼! 엉덩이와 젖가슴이 표범 무늬가 된다면! 번갈아 말한다. 짭짤하겠지! 부자가 될 거야! 표범 무늬? 콜린스는 궁금했지만 나일악어처럼 사소한 문제였다. 올리비에는 상상했지만 톰슨가젤처럼 귀찮은 일이었다. 여왕 폐하와 공화제를 위하여 건배!

　그들은 북아일랜드에서 시칠리아까지 돌고 돌았다. 만년설과 대초원의 미래가 친구들을 기다렸다. 툭 튀어나온 엉덩이, 마운틴고릴라, 제거된 음순, 하마의 어금니, 손톱 다이아, 신종 성병, 향긋한 커피콩, 터무니없는 무더위 모두 밀랍이 되었다. 교회 옆 '콜린-올리브' 자연사박물관에 각기 따로 전시되었다. 자세히 보면 어쩐지 몸 같고 멀리서 보면 꼭 주술 같다.

훗날 북해도에서 사람들이 찾아와 남겨진 기록을 되짚었다. 키가 작고 이목구비가 밋밋한 그들이 어긋난 치열을 드러내고 웃는다. 자세히 보면 사람 같고 멀리서 보면 꼭,

관타나모 포르노

  구멍에 손을 집어넣는 것으로 시작하자 가장 깊게 들어간 손마디에 씻을 수 없는 냄새가 밴다 여기는 섬이고 축축한 바람이고 떨리는 동굴이다 제임스 일병이 석양을 등진 국기에 거수경례한다 씻을 수 없는 것은 씻지 않은 채로 둬야 한다고 장엄한 연주는 가르쳐 준다 구멍에 손을 넣었다 빼고 다시 넣는 것으로 시작하자 글로리 랜드, 글로리 랜드 빠르게 되뇌자 제임스는 상병이 되는 날을 손꼽아 기다린다 알몸으로 비누나 음모를 줍는 일, 부탄이나 네팔 사람들과 마시는 위스키, 마늘이나 향신료 속에서의 고문을 상상해 본다 이 땅은 영광으로 가득하고 제임스는 귀 옆을 동아시아의 샤먼처럼 파르라니 정리했다 바람의 눅눅함이 머리의 맨살을 스치고 지난다 구멍에 혀를 마주하는 것부터 다시 시작하자 이 구린내가 구멍의 것인지, 손의 것인지, 섬의 것인지 제임스는 알 수 없는 일에 대해서는 그냥, 쿵쿵거리기로 한다

로마 견문록

하지만 변명은 나쁜 습관
로마는 주로 지하에 있고
카타콤에서는 춤을 춘다
서로 아무런 말없이 몸을 흔드는 이유는
내 말이 네게 들리지 않을 것이라는
믿음 때문

로마는 음악의 제국
귀신은 음악을 사랑해
말이 필요 없는 몸짓으로
몰려든다 카타콤으로
이런 날은 물이 좋아
입구에서 돼지오빠를 불러 주세요
오빠와 돼지
말이 통하지 않는 존재 둘

변명은 나쁜 습관
나가서 춤을 추자
서로의 몸에 충실할 유일한 방법
귀신처럼 흔들흔들 바지런한

팔과 목과 다리와 허리와 우리의 스테이지
우리는 서로를 믿고 있고
카타콤에는 카타콤의 유행이 있다

(……)

당신은 로마에 와서는
신나게 박자를 맞추고 춤을 추기는커녕
비척거리며 기도를 하는군

돌올한 당신의 무표정
물 흐려지는 카타콤
오빠와 돼지가 전염병에 시달리고
소심한 귀신은
사는 동네와 일행의 수를 실토하고
사라진다

하지만 습관은 나쁜 변명
다시는 당신과 로마에 오지는

서양 소설

 리치몬드 변두리에서 일어난 일입니다. 샘은 클라라를 좋아하고 클라라는 마이클을 좋아하던 시절이었죠. 정작 같이 잔 건 장작 같던 마이클과 샘이라는 동공처럼 놀랍고도

 항문처럼 아름다운 가을날이 이어집니다. 지역 야구팀은 올해도 꼴찌를 했고, 외야수 지터의 유연한 뒤통수에 누군가 뜨거운 컵라면을 던졌습니다. 명성만큼

 일정한 편서풍이 불어옵니다. 대서양을 등진 주차장에서 빠져나가는 세바스티앙의 오른손에는 소주, 왼손에는 막대풍선. 리치몬드, 리치몬드, 최강 리치몬드, 불꽃 같은 내 사랑

 스칼렛의 배가 점점 불러 옵니다. 교감 헤이우드는 화장실처럼 곤란한 표정을 지었어요. 고집스레 한쪽에서만 부는 바람이 스칼렛을 바깥쪽으로 떠밀고, 샘과 마이클의 얼굴은 흙모래

 눈에 들어옵니다. 클라라는 물티슈로 사타구니를 비비고

헝겊으로 눈을 가리며 어쩐지 매운 장면이라고 생각해요. 경기장 구석 높게 플라이 된 스칼렛과 어제의 프로야구

   결과에 대한 예의를 지터는 숙지하고 있어요. 고개를 숙이고 제 발끝에만 집중합니다. 스칼렛은 아마 보지 못할걸요. 세바스티앙이 분노하는 지점입니다. 고성을 지르며

   리치몬드베이 해안가에 투척된 쓰레기에서 불길은 시작되었습니다. 샘과 마이클의 하반신이 얼굴 대신 뿌려졌습니다. 클라라는 계속해서 울어요. 끝없는 편서풍에 번지는 화마

   변두리에서 변두리로 우리가 뜨겁게 사랑하던 시절이 화형에 처해집니다. 숨어 있던 헤이우드 교감이 발끝을 봅니다. 리치몬드에 주인공은 없어요. 시작부터 어디론가 누군가로 영락없이

스탈린그라드 러브 스토리

 인간으로서 인간을 사랑하겠다는 위험천만한 맹세, 던질 눈은 많았어요. 그것은 모두 하얀색이고 영원히 녹지 않을 것만 같았죠.

 유독 추운 날은 독주를 마셨어요. 노래를 불렀어요. 입김은 모두 눈 속으로 훨훨 날아가고 헤어짐은 돌림노래처럼 유보되고.

 애칭을 정했어요. 흰곰이요, 그래요 북극곰. 별자리도 있고 풍부하고 두터운 털도 있고 무엇보다 필요할 때 사나워서 맘에 들었어요.

 우리는 보드카를 마십니다. 앞발로 툭, 물개를 때려잡는 곰이라 서로를 부르면서 빙하의 날들을 견디기로 한 거죠.

 사랑의 죄는 무지에서 비롯되는 경우가 많습니다. 미래는 모르기 마련이니까. 강철보다 단단한 얼음 위를 한없이 떠돌던 멍청한 맹세.

북극곰은 산타 모자를 쓰고 매끄러운 콜라병을 들고 웃어요. 차라리 백혈병에 걸려 지상에서 사라져 버렸다면 좋았을 당신의 트림.

  사나운 거품이 날뛰는 검은 물을 들이켜는 그를 보고 사랑은 이미 끝났음을 알았어요. 흰 것이 녹아 사라지는데, 사람들은 봄이라고.

  그물 같은 볕을 피해 귀퉁이에 쭈그려 앉아 콜라 마십니다. 목도 코도 뜨겁지 않아요. 마치 소화가 되는 듯. 그래, 이젠 다 잊었다고 칩시다.

유보트

 발밑에 물이 들어온다. 이 중에 사제 서품을 받은 자는 지저분한 털을 귀밑에서 아래턱까지 이어 기른 취사병뿐이었다. 미끄덩한 문어 요리를 먹다가 짧게 구부러진 검은 이물질을 발견한 수병이 적지 않았다. 그럴 때마다 민머리가 유독 반짝였다. 우리가 문어를 먹다니, 수병들은 뭍에 나온 연체동물처럼 당황하지만, 성호를 긋고.

 무릎까지 차올랐다. 지휘관은 제군들이 자랑스럽다. 너흰 지구의 가장 아래에서 장렬한 최후를 맞을 것이며 조국은 너희를 기억할 것이다. 취사병은 침을 뱉었다. 죽기 전에 수병들이 고해할 것은 차고 넘쳤다. 과연 바다 속살까지 그분 뜻이 닿을 것인가. 하노이의 마을 창고에서 집단으로 저질렀던 추잡한 짓이 떠올랐지만, 기도합시다.

 허리가 젖었다. 너희는 오백쉰일곱 척에 달하는 상선을 까부쉈고, 살려 달라 울부짖는 사람들을 과녁 삼아 내기로 소총을 쏘며 낄낄거렸다. 조국은 너희를 기억할 것이다. 사제는 흐느적거리며 양 손바닥을 마주 비볐다. 다른 오락거리가 없었잖아. 그 문어가 진짜 문어였다고 생각해? 수병들은 상상을 자제했지만, 내 탓이오, 내 탓이오.

 코밑에 물이 있다. 수상한 먹물처럼 어뢰는 갑자기 터졌다. 유보트의 옆구리는 허리가 잘린 다족류가 되어 꿈틀거린다. 살 수 있을 거라 생각하나. 이제껏 살아 있었다고 믿었나? 먹물은 검은색이고, 털보가 만들어 내는 물음은 역하다. 군수품은 바닥났고, 고향에서 문어와 먹물은 원래 먹는 게 아니나, 이는 내 살과 피니.

 숨을 쉴 수 없다. 살고자 하면 죽을 것이요, 죽고자 해도 죽을 것이다. 변방의 제독을 떠올리며 수병들은 자신의 죽음이 뭍에 알려질까 궁금하다. 모든 게 조국 때문이다. 아니다, 나 때문이다. 아니다, 문어 때문이다. 유보트는 침몰하기 위해 만들어졌지. 느린 고해 속, 털보와 취사병과 사제의 삼위는 절묘하게 일치하고.

저글링

두 개의 손목
세 개의 밀감
남쪽의 섬 같은
곡선을 따라 떠오르고 가라앉는
세계의 온갖 것들
섬과 해구, 화산과 현무암
혀와 욕, 거북이와 모래
하수구와 머리칼, 자궁과 후레자식
너랑 나, 라고 말하면
이미 모든 것

단단한 밀감과 밀감
민감하게 벌어지는 입
회전문을 통과하기 전까지
수없이 많은 겁이 드나들었다
떨어뜨림에 익숙해지면
으깨진 과일에 더 이상 미련은 없다
미안한 마음이 머물지 않는 미욱한 발끝
볼 필요 없다 고개를 들고 위를 봐

세계의 균형을 위해서

허공을 돌아 손바닥으로 돌아오는
새벽의 알람 시계
다음의 마음이 오기 전에 나는 이만 가야지
너랑 나랑은 만나면 곤란
여진과 마그마, 해녀와 죠스바
녹색당과 포경수술, 민물 생선과 설치류
홍어와 산티아고, 두 손과 두 발
서로를 밀며 완성하는 세계의 온갖 것

두려움 없는 중력의 사이사이
귤 셋
사이좋게 악수하며
저글, 저글 그리고 저글링
손목이 죽기 전까지

남극 일기
— 이곳에서의 추억을 기록하는 일은
금기였다 우리는 마지막 표정으로만
얼어야 한다

네가 준 마지막 초콜릿을 입에 넣는다. 볼 안의 왼쪽에서 오른쪽으로 움직일 사이도 없이 초콜릿은 녹고 있다. 열대어에서 체체파리로, 체체파리에서 작은 열량으로 초콜릿은 없어진다. 사이좋게 녹는다. 숨을 내밀어본다. 하얀 그림자를 남기며 얼음 속으로 사라진다. 내 혀와 입은 아직 따뜻하다. 그리고 나는 일기를 쓴다.

그제 우리는 허스키를 먹었다. 개는 사람이 아니라고 생각하니 그리 어렵지 않았다. 마지막 눈동자는 사납게 변하였지만 우리의 추위는 더 혹독하고 똑똑했다. 울음이 나오면서 동시에 얼었다. 그것에 바람이 닿으면 충직한 개 같은 추위가 바락바락 들러붙었다. 점퍼 안에서 제 맘껏 흔들리는 신체, 나는 뒤를 돌아보지 않는다. 그리고 노트를 발견했다.

지구의 맨 밑바닥에 몸을 치댄다. 모든 신경을 뒤로 집중하면 얼음의 열기가 느껴진다. 너의 기억이라고 해두자. 잉크를 내보내는 펜, 피 흘리는 코처럼 성급한 동작이다. 이곳에 비해 나는 너무나 뜨거웠고, 이제 단순한 명제처럼 녹을 것이다. 손가락을 접었다 편다. 흰 종이 위에 손목을 올려 본다. 천천히 미끄러진다.

단단한 노트를 두들기자 동양의 것으로 보이는 문자들이 이끼처럼 뒹군다. 글자들의 단련된 질서에서 점심 식사로 개를 먹는다는 먼 나라가 떠올랐다. 어제부터 동료들의 발소리가 들리지 않고, 나는 차마 뒤를 돌아보지 못했다. 아마 얼어 버린 것 같아. 고향의 말과 비슷한 발음을 중얼거린다. 노트를 읽는다. 이곳은 광활하며, 이끼뿐이다.

얼음 속에서 너의 얼굴을 본 것은 나의 착각이었을까. 그곳으로 들어가고 싶다고 생각한다. 너와 함께 천천히 녹고 싶다. 그리고 적는다. 군락을 이룬 이끼처럼 촘촘한 얼굴들의 얼음. 네가 지었던 모든 표정이 이곳에 모여 있다. 나는 주인에게 잡아먹히는 개가 되더라도, 이 순간이 초콜릿 같을 거야, 라고 네게 말하고 싶다. 일기를 덮는다.

　노트를 떨어뜨렸다. 하염없이 길게 미끄러지는 네모난 물체를 따라 이끼들이 갈라진다. 나는 지구의 가장 아래에 있는 사람이다. 극을 향해 달려가는 무심한 병자다. 다시 노트를 집어 든다. 허스키가 꼬리를 흔들며 나아갈 곳을 쳐다본다. 동료들이 멈춘 나침반을 가리키며 환호한다. 이곳에서 영원토록, 호주머니에서 펜을 꺼낸다. 그만 여기서 이대로 얼고 싶다.

백 년 동안의 세계대전

평화는 전투적으로 지속되었다. 노르망디에서 시베리아를 지나 인천에 닿기까지, 당신은 얌전한 사람이었다. 검독수리가 보이면 아무 파티션에나 기어들어 둥글게 몸을 말았다. 포탄이 떨어지는 반동에 당신은 순한 사람이었다. 늘 10분 정도는 늦게 도착했고, 의무병은 가장 멀리에 있었다. 지혈하는 법을 스스로 깨치며 적혈구의 생김처럼 당신은 현명한 사람이었다. 전투는 강물처럼 이어진다. 통신병은 터지지 않는 전화를 들고 울상이고, 기다리는 팩스는 오지 않는다. 교각을 폭파하며 다리를 지나던 사람을 헤아리는 당신은 정확한 사람이다. 굉음에 움츠러드는 사지를 애써 달래며 수통에 눈물을 채우는 당신은 배운 사람이다. 금연 건물에서 모르핀을 허벅지에 찌르는 당신은 인내심 강한 사람이다. 허벅지 안쪽을 훔쳐보며 군가를 부르는 당신은 멋진 사람이다. 노래책을 뒤지며 모든 일을 망각하는 당신은 유머러스한 사람이다. 불침번처럼 불면증에 시달리는 당신은 사람이다. 명령을 기다리며 전쟁의 뒤를 두려워하는 당신은 사람이었다. 백 년이 지나 당신의 평화는 인간적으로, 계속될 것이다. 당신이 사람이라면.

2부

아주 도덕적인 자의 5분

아주 도덕적인 자의 5분

그는 다시 걷는 일에 골몰한다
도덕을 지키기 위하여

멍청한 짐승의 내장을 빠져나오다 몇 명의 여성과 몸이 닿았다 정중하게 사과하고 싶었으나 여성들은 걷는 데 노력을 기울였다 노력하는 모습은 도덕적이다 그는 노력이 부족해 몸을 맞대었고 냄새가 나지 않을까 걱정하지만, 걱정하는 마음은 비윤리적이다 그것은 멍청한 짐승의 냄새였고 짐승에게는 도덕이 없다

지갑을 꺼내려 오른손으로 본인의 엉덩이를 만진다 엉덩이를 만지는 것은 도덕적이다 자신의 몸은 자신이 사랑하여야 하고 지갑은 없고 깊은 구멍에는 바람만이 가득하다 쪼그린 자세로 개찰구를 빠져나와 주위를 살피지만, 두리번거리는 일은 비윤리적이다 그것은 당혹스러운 찰나였고 순식간에 지갑을 빼내 가는 짐승은 없다

동굴에 숨은 동물처럼 몸을 둥글게 하고 계단을 탄다 계단을 움직이기 위하여 쓰이는 전기를 생각한다 절약은

악행이고 모든 계단은 악마의 아들이다 걷는 일에 다시 노력을 기울이며 앞일을 가늠한다 생각하는 일 자체는 지극히 윤리적이고 생각만으로 발기가 될 수도, 도로 죽을 수도 있다 사람에게는 정신이 있다

　계단의 끝에는 전단을 뿌리는 늙은 여자가 있다 계단의 중간에는 구걸하는 남자가 있다 계단의 처음에는 그의 정신이 있다 그의 모든 주머니에서는 사람 아닌 것들이 꺽꺽 울고 있고 눈물은 짐승의 버릇이다 그는 울음 속에서 자신을 증명할 수 없고 그것은 비윤리적이다 손에 들린 전단지 속, 맥주는 착하게 담겨 있다

　그는 전단지 버릴 곳을 찾는다
　도덕이 그를 지켜본다

탁구공

　내게 무엇을 받을 것인가 바라지 말고, 무엇을 줄 것인가에 대해, 공격과 수비에 대해, 낮과 밤에 대해, 파리와 나비에 대해 생각해 봐, 사각형의 세계는 늘, 받은 만큼 돌려준다, 독재자의 눈빛을 번득인다, 속임수를 쓴다, 모든 지나감을 아까워한다, 쉽게 탄식한다, 공을 주우러 가는 사내들, 화가 난 양이 된다, 성질 급한 교도관이 된다, 무릎을 굽히며 생각한다, 주고받음의 문제에 대해, 작은 공에서 일어나는 회전에 대해, 사이좋게 나눠 갖는 서브의 권리에 대해, 종교인처럼 말이 많다, 저 너머의 세계로 당신의 공을 떨어뜨릴 수 있겠는지 생각해 봐, 네트마다 그려진 빨간 해골과 친절한 아침밥에 대해, 협박과 편지에 대해, 망루와 난망에 대해, 녹색의 세계는 반드시

가정집

　그런 게 있습니까
　겨울에 따뜻하고 여름에 시원한 집

　그곳에는 가정집이 있을 것이라고 사람들은 말했다 집주인 아줌마, 요크셔테리어, 부동산 중개업자, 형광등, 길 고양이, 마을버스가 모두 그랬다 잠 속에서 나는 용달차를 불렀고 귀히 여기던 양장본들을 버렸다 게슴츠레한 요의에 잠의 손을 뿌리치면 창이 없는 방에서 또 다른 골목이 둥그런 지도를 그렸다 습기였다 나는 최대한 건조해지기 위해 입을 다물고 기지개를 켰다 겨울은 늦여름 엿처럼 늘어지고 있다

　오래오래 잘 수 있는 방이었다 골목에 줄을 긋고 있노라면, 엎드린 자세 뒤로 누가 쫓아오는 것 같았다 잠이었다 잠에서 깨어나면 방은 여전히 어두웠다 해진 칫솔처럼 머리가 아팠다 어둠의 호위를 받는 그를 방에서 쫓아내기란 어려운 일이었다 잠과 잠이 손에 손을 잡고 방과 방을 차지했다 집이 아니기 때문일까 나는 잠자코 있어야만 했다 늦은 눈이 내린다 골목의 뒤가 퉁퉁 붓고 있다

이 모든 게 가정집 때문이다 앞으로는 불가능에 관해서만 논하기로 한다 역에서 걸어 3분, 공화당의 금연 선언, 착한 어린이, 수리한 싱크대, 단식하는 개, 친절한 이웃, 그런 게 있습니까?

겨울은 진득하게 늘어지고 더위는 엿같이 풍성할 것이다
가정집을 찾아야 하는데
대답이 없다

뜀틀 시범

당신은 뒤를 돌아보지 못해. 목덜미 가까이 와 있다고 생각하니까. 그것이 생각이라면 당장 뛰어야 하겠지만, 하이힐은 고음을 내며 제자리걸음으로 골목을 가른다.

당신의 구석구석을 더듬던 호루라기, 검지와 엄지는 호흡이 잘 맞았다. 유난히 하얗고 쫀득한 체육복, 그는 점심시간을 떠올린다. 맛있겠다고 생각한다. 그런 것도 생각이라면, 뭔가 먹어야겠지. 색이 진한 속옷, 마침 빛난다. 뜀틀을 향해 겅중겅중 달려간다. 아무래도 넘지 못할 거고, 당신은 시범을 본 적이 없고, 그는 어디선가 담배를 피울 거고. 디딤판에 발가락을 올린다. 갑자기 그가 나타났다. 겨우 이깟 높이를 못 넘어? 몸이 돈다. 네 발가락은 참 수줍게 생겼구나. 살갗이 구겨진다. 준수한 시범이다! 자판기처럼 친구들은 줄을 서서 번호와 이름을 외친다. 차례차례, 던져지는 몸과 살들.

당신은 호루라기를 불기 시작해. 낼 수 있는 가장 높은 음이 공기를 가른다. 그것이 생각이라면, 느끼게 될 거야. 넘어야 할 것들이 차례차례 달려들고 있는 엄격한 미래. 딱딱한 발판이 계단처럼 이어진다.

송년회

   달려야 하니까요 눈썹과 눈매와 콧등과 입술을 관리하는 일은 얼마나 어려운 일입니까 얼굴의 빈 면을 꼼꼼히 채우는 일은 어쩐지 애매한 일입니다 미안하다고 말하지 않을 작정입니다 받지 못할 패스를 일삼는 쿼터백처럼 보이니까요 눈을 마주치는 일은 또 얼마나 고루한지요 어떤 각도의 검은자가 진실을 담보하겠습니까 오래면 오랠수록 올라오는 오늘의 음식물들, 얼굴 모양으로 번져 나가고, 제까짓 게 표정까지 지어 보입니다 관리되지 않는 이미지들이 터치다운을 향해 발을 동동, 부지런하군요 당신은 누구십니까 한겨울의 거울입니까 럭비공입니까 우리들의 행복한 송년횝니까 제가 제대로 한번 보여 드리겠습니다 (잠시 침묵) 못생겨서 죄송합니다

예비군 연병장

망연한 모래 먼지 사이로 사라진 수
그와 함께 사라진 실탄과 수류탄
목격자는 말이 없는 하늘과 고분고분한 땅

제멋대로 자란 머리를 전투모에 욱여넣은 새벽
지옥의 연병장에 우리는 모였다
과열된 다짐이 우릴 살게 했다
우리는 앉으며 서며 다시 앉는다
다음의 자세를 준비한다
다시 설 것이며, 다시 앉을 것이다
그런 자세에서는 유황불 냄새가 난다
우리는 앉는다 헛 둘 셋 넷
일어선다 헛 둘 셋 넷
숫자에는 거짓이 없다

모래 먼지 사이로 망연히
그이가 내려다보고 있을까
소총이 당겨질까 수류탄이 터질까
찰나, 그저 쭈그려 있고 일어서 있다

유황불처럼 목적이 없다
저격당하는 조연의 순진한 얼굴
최후를 모른다
불량하고 충실하게
앉고 일어서는 앞사람의 척추를 본다
웅크린 뒤가 서늘한 각도로 입을 벌린다
수가 없음으로 증명되지 않는 합
현란한 입천장을 가졌다

수, 그의 냄새인가
방독면을 꺼낸다
사이로, 스멀스멀 몰려오는 허공의 공포

방에 가서 눕고 싶다

오늘은 카약

몸을 굴리며 학교에 왔어요
뭘 쳐다봐요 왜 때려요
그렇게 말하지는 않겠어요
평범한 하복부에 적당한 통증
책상에 엎드려 뒤통수를 내보입니다
예쁨받고 싶어

정수리에서 발바닥까지
눈곱에서 각질까지
천장에서 보일러까지
케이프타운에서 앵커리지까지
맨틀에서 오존까지
두통 치통 생리통까지
헤치며 왔어요

비뚠 두상을 한 바위들
성질머리를 닮은 급류
아이참, 거추장스러워라
카약 하면서 침도 뱉었죠

소리 내어 뱉기 좋은 물살

빨간 카약이 배 밑으로 미끄러져요
아스피린은 온몸 해하며 뒤를 따릅니다
알약의 세계, 우리의 몸은 물과 알로 이뤄졌으며
내 몸은 협곡에 다독여져 깎인 완전한 동그라미
녹기 좋을 거예요

오늘은 좀 아프다니까요
방금 벌목된 정글처럼
예민한 살갗을 건들지 마요
뭘 봐요 왜요
아무거나 줘요
무감한 고통 속에서 우리는
아스피린처럼
하얗게

아쿠아리움

 시커멓게 먼 섬에서 견학 온 미역 같은 아이들, 신나면서 슬프다. 기쁘면서 두렵다. 큰 도시의 가장 더러운 지점을 찾아 고개를 들어, 빌딩은 사정없이 높구나, 하늘은 겁이 나게 흐리네, 선생은 큰 도시의 말을 쓰려 노력한다. 가방 속 해산물처럼 곧 들키고 말겠지만, 미끌미끌한 소리를 내며 몸을 움츠리는 견학의 자세.

 머리 위를 지나는 다랑어와 청상아리, 서로의 몸을 스치고 지나는 물살에 바다 같은 평화가 보인다. 신기하면서 지루하다. 재밌는데 피곤하다. 이곳의 평화는 시커멓지 않구나, 알몸을 드러낸 생선들이 참으로 느리구나, 개펄에 나던 특산물은 까맣고 탄탄한 외피를 두르고 있다. 빠르게 도망하던 작은 눈을 향해 불어오던 마파람.

 검정 비늘을 뒤집어쓴 채 수족을 흔들며 인간의 인사를 건네는 자, 돌고래는 그를 등에 태우고 구부러진다. 착한데 무섭다. 친하고 아프다. 섬의 학생들은 그물에 붙은 해초처럼 환호한다. 키가 작고 얼굴이 검은 아이들, 큰 도시 사람들이 눈길을 준다. 펭귄보다 해맑고 물개보다 시끄럽구나,

정의 내리기 쉬운 견학 온 학생들.

  이것은 큰 도시에 어울리고, 이것은 바다가 아니고 수족관이며, 바다에 둘러싸인 섬의 아이들은 길을 잃을까 이름표를 손에 쥔다. 꿈이고 희망이다. 진짜인 동시에 가짜다. 견학의 행렬을 이국의 해양 생물이 모여 지켜본다. 너희는 이곳에 다시 오겠구나, 배를 타고 오염된 해산물처럼 속이 빈 채로 오겠구나. 이윽고 수족관에 불이 꺼지기 시작한다.

등산객

오전이면 형광색 마음들이 산에 밑줄을 친다
바위가 많은 산은 내려다보기에 좋다

산에서 도시를 내려다볼 수 있는 건, 크나큰 축복입니다 장로는 등산로를 미끄러지며 말한다 그의 민둥산 같은 머리에 햇빛이 잠시 머무른다 눈부시군요! 권사는 그의 부인이 아니고 둘의 몸은 산에 오르는 틈틈 깍지를 낀다

기도하는 마음이 깍지를 부른다 내려다보는 자세는 마음을 들키지 않게 한다 해가 저무는 바위, 발치에 도시의 몸통이 보인다 매연을 뱉어 내는 거대한 포유류가 황금빛 잔털을 고르고 있다 건강하군요! 푹신한 서로에게 투신하는 등산객들

오후가 되면 형광의 얼굴들이 밑줄을 따라 내려온다 봄꽃과 바나나, 단풍과 귤껍질이 울긋불긋하다 산에 오르는 일은 내려오는 일의 예약이다 눈부시고 건강한 얼굴이 되는 상상이다 도시에서 등산이란, 축복의 반복입니다 깍지를 푼다

바위가 많은 산은 도시의 찬 바닥으로 튕겨 나가기 좋다
형광의 깡패들이 산을 포위하고 있다

인문대 소강당

 단상에는 오랜만에 햇빛을 밟은 칸트 선생이 험악한 인상으로 청중을 내려다보고 있다. 있다, 라는 말을 함부로 쓰는 일을 그는 경계했다. 독일인은 어디에나 있고 어디에도 없다. 있다, 라는 말을 생각할수록 없다, 라는 말도 점점 못생겨졌다. 어딜 가나 지각하는 인간은 있고 그들은 허리를 한껏 숙이고 뒷문을 통해 들어와 빈자리를 찾는다. 인간 고유의 정신을 망각한 짓이다. 핸드폰이 울린다. 칸트 선생은 잠시 말을 멈추고 천장을 본다. 조잡한 최신 가요의 음파가 강당의 바닥에서 천장으로 올라가 멀리 흩어지며 사라진다. 빌어먹을 학부생 같으니. 인간이길 포기한 원숭이들은 목을 흔들며 느린 춤을 추고 있다. 있다, 라는 말에 대해서 헤겔 선생은 다른 입장을 갖고 있다. 있다는 것은 산다는 것과 같은 뜻이오. 뭐든 사야 있을 수 있거든. 건방진 헤겔 같으니. 황급한 동작으로 가방 속 화장품 사이 휴대전화를 찾는 학생의 얼굴이 붉게 타오르고 있다. 칸트는 목이 탄다. 단상에 물이 없다. 쿠키를 정렬하던 조교는 뒤풀이 자리를 예약하러 떠났다. 여학생이 전화를 귀에 대고 숙인 자세로 강당을 떠난다. 여학생이 있던 자리에는 두 덩어리 엉덩짝 자국만 있다. 뒤풀이 때문일까. 헤겔 선생보다 인기가 없다는 확고한 사실이 제본 교재처럼 펼쳐진다. 인기를 얻는 재주는 임용의 필수적인 덕목일지도 모른다. 모른다, 라는 말을 생각하다니. 칸트는 인간적 수치심을 느낀다. 느낀다, 라는 말을 곱씹다니. 칸트는 자신이 없음으로 인해 존재하고 있음을 지각한다. 내가 지각을 하다니. 그런데 왜 목이 타지? 토론자의 질문이 들리지 않는다. 오, 자네는 하이데거 아닌가? 아니요, 일전에 인사를 나누었는데 기억나지 않으십니까? 아, 그렇군. 죄송하게 되었네. 저는 현대 시를 연구하는 It이 되었습니다. 그런가. 나는 Be로 있겠네. 칸트의 입에서 거짓말이 술술 나온다. 옷을 훌훌 벗는다. 오랜만에 햇빛이 옷을 벗은 칸트의 몸을 천천히 밟는다. 처음부터, 더럽게 못생겼다.

클리닉

 호시절 남자의 기다란 팔은 여자의 허리춤을 감싸기도 했어요. 그때 여자는 자신도 모르게 허리를 비비 꼬고 있었죠. 로코코 스타일로 호호호. 허리춤 아래 작은 짐승이 고개를 들기도 했습니다. 바로크 스타일로 흐흐흐. 단단한 스프링 같던 시절, 분류하기 쉬운 방향으로 허리는 몸을 튕겨 냈어요.

 허리에 관한 모든 문제는 직립보행으로부터 제기됩니다. 그래서 그들은 깁니다. 결국은 자세의 문제, 자세는 형식을 담는 질그릇, 유모차, 아코디언, 불가마, 조동아리라고나 할까요. 남자의 말이 길어지고 있습니다. 곧게 걷질 못해요. 여자는 덩치 큰 세간을 옮기듯 남자의 허리를 받치고 다다 스타일로 얼룩진 기저귀를 빼냅니다. 어머, 어쩜 이렇게 긴지. 바나나 스타일, 기차 스타일, 긴꼬리원숭이 스타일. 그들은 모두 다 허리, 너무 바쁘니 이제 자룹시다.

 그러나 그들은 쉽게 휘어지고 중심을 못 잡고 균형감이 없어요. 어디로 튕길지 모르는 통증이 몸의 한가운데, 귀신처럼 달라붙어 소리 질러요. 이건 자세의 문제, 한 번만 더

구불거리면 허리를 접어 버린다. 협박하는 척추 전문의의 인중을 꿰매기로 합니다. 허리가 어쩌다 이렇게 됐는지 여자와 남자는 진정으로 꿰차게 된 거죠. 자세의 문제, 건들지 마요. 스타일 망가지니까.

육상

 호흡법을 머릿속에 다시 떠올린다 종합운동장은 대문자를 닮았다 너는 그 속에 있다 그것은 부드러운 발음이고 나라마다 달리 불리지만, 새로 배운 호흡법의 입 모양과 비슷하다 관중석에는 부리가 같은 부모와 조국이 있고 어디서든 널 지켜보는 눈동자가 있다

 맞바람 분다 숨을 들이는 순간, 총소리가 들린다 타인의 뒤를 보는 것으로 레이스를 시작한다 지난겨울, 단거리 호흡법을 너는 새로 배웠다 자네, 나와 함께 육상을 해 보지 않겠나 기록은 수십 년째 제자리걸음이고 그들은 네게 늘 같은 모습의 등이다

 단거리 승부는 첫 호흡에서 갈린다고 코치님은 말했다 너는 그를 힘껏 삼킨다 코치님은 거대하다 여럿의 비상구가 있다 달리는 모습이다 숨이 가쁘다 너의 기록은 엉망일 것이다 맞바람 때문이다 목구멍 깊숙한 곳에서 차오르는 불분명한 액체

 방탕하게 달리기로 한다 트랙 옆에서 투포환이 낮게 날

아가다 떨어진다 맞바람 때문일까 코치님의 호흡을 사력을 다해 따라갔다 그것은 부드러운 발음이고 거대한 기록이다 너무나 짧아 털이 보이는 유니폼이다 제멋대로 쓰인 교본이다 너는 늘 열심히 진다

　가슴을 내미는 순간, 모종의 수치심이 달려든다 수십 년 깨지지 않은 최고 기록이 네 앞에 있다 근엄한 스톱워치 옆에서 너는 새처럼 헐떡거린다 이런 심장으로는 훌륭한 선수가 될 수 없네, 조국과 부모가 부리를 맞대고 액체를 떨어뜨린다 미친 듯 오그라드는 폐

　맞바람 부는 날에는 경기하지 맙시다, 코치님의 근육이 거대해진다 그 기록은 왕년의 기록이다 종합운동장을 가득 채운 숨과 바람, 너는 벌렁 빈 트랙에 벌렁 눕는다 비둘기 슬며시 다가와 땀구멍을 쫀다 나 안 해! 말 못하는 호흡법, 코치님과 처음부터 다시

플라톤 논술 학원

 책상에 앉은 아이들은 낙엽처럼 바스락거리며 원고지에 글을 쓰기 시작한다. 나는 스산하게 돼지 꼬리를 그린다. 십칠 년 전 가을, 지방 캠퍼스에서의 집회를 생각한다. Y를 처음 만난 체육관, Y가 넘어져 무릎이 깨진 대학 후문, Y가 잠시 숨었던 노래방의 입간판. 너 때문에 내 인생은 무너져 간다. 널 두고두고 지켜보려 한다. 아이들은 자유롭다. 화란 풍차를 흉내 내는 비보이의 무릎처럼. 대오를 이탈하고 택시를 잡아타던 후배처럼. 가을이면 우리는 자못 심각했다. 아이들은 항상 떠들고 집중력이 없다. 사람들은 차가 막힌다고 성을 냈다. 나는 깃발을 놓친 후배를 따끔하게 혼내며 목청을 높였다. 아이들은 항상 소곤소곤 떠든다. 아직 깃발을 내릴 때가 아니다. 아이들의 글이 완성된다. 가을은 점점 짧아진다. 후배는 피식, 짧게 웃었다. 아이들은 각자의 기계에 손가락을 올리고 정전기를 일으킨다. Y는 나의 의식과 논리와 입술과 성기를 통렬하게 비판했다. 나는 입에서 나오는 대로 수업을 진행하고, 플라톤이 스승의 말을 편집하듯 아이들은 머리를 박고 필기한다. 아이들의 귀에는 작은 기계가 꽂혀 있고 노래는 차고 넘친다. 기타를 잘 치던 후배는 곧잘 취했고, 곧이어 Y와 동거를 시작했다. 나는 원고지에 갇혀 있었다. 아이들이 시계를 본다. 나는 몰랐다. 내년 봄이면 아이들은 아무 대학에나 갈 테지만 지방 캠퍼스는 가지 않으려 한다. 그 이유를 나는 Y를 만나 따져 물을 것이다. 내 인생은 망가졌다. 첫눈이 낙엽 위로 떨어진다. 아이들이 환호한다.

공중화장실

오늘도 나 홀로 갱도에서 홀로그램 놀이에 열중

당신들이 음표처럼 줄을 맞춰 쉬이, 사는 소리를 낼 때 나는 고정된 물체가 되려고 노력해 나를 본다고 움찔하지 마 튀니까, 그렇게 당신은

싸고 있네

변기 뚜껑을 열면 홀로그램을 볼 수 있다 그것은 주머니 속 참을성을 아주 많이 지니고 살아온 아주머니에게 허락된 능력 나는 노력해

물 안에 자리한 불안의 똬리

이것은 실재가 아니다 이것은 홀로그램이다 뚜껑을 열면서 가볍게 헛기침을 한다 도망하는 냄새, 나 홀로만이 홀로그램을 볼 수 있다 강도처럼 쏘고 나비처럼 도망간 학생과 이모와 언니와 아저씨를 원망할 필요는 없다 허물어진 얼굴과 불안한 건강 상태가 포개져 말려 있을 뿐, 뚜껑을

열 때마다 나는 노력해 녀석들의 겸손한 태도가 맘에 들어
버튼을 누르면 트위스트 춤을 추고 호흡이 막히면 가만히
있을 줄 안다 슬플 때 학춤을 추고 답답할 때 면봉을 쓴다
그들도 노력을 해

  살기 위해 인간을 싸야 하고 나는 살기 위해 노력해

  갱도의 끝에서 막힌 변기처럼 홀로 막막해진다
  눈을 가린다 빙글 돌며 트위스트 트위스트
  물이 내려간다

식목일

쉬는 날이 아닙니까?

녀석들은 2년을 주기로 그날마다, 새로운 서식지를 찾아 떠돕니다. 말이 없는 식물을 뽑아내듯 누추한 살림을 들어내는 거죠. 언제 찾아올지 모르는 손님을 위해 숲의 현관에 매달려 있습니다. 이곳을 찾는 자는 대부분 같은 처지고 녀석들은 비슷한 입장에게 더욱 잔인하고, 냉정합니다.

녀석들은 2년마다 스스로를 태워 버립니다. 녀석들이 조우합니다. 싱크대는 구식이고 머리칼이 군데군데⋯⋯ 오, 그것은 재앙과 같아요. 뿌리부터 뽑힌 채로 끝없는 산불처럼. 그것이 식목일, 나무의 운명이죠. 녀석들은 대부분 정체 모를 침엽수고, 무엇보다 자기 자신에게 날카롭고 비정합니다.

이런 날, 비가 오면 잘살 거라고 오래된 나무들은 말했습니다. 장롱을 들어낸 자리에서 뿌리까지 다 탄 녀석들의 머리칼이 자라나고 있습니다. 장판 밑에서는 맑은 고름이 다소곳한 소리를 냅니다. 사계절이 뚜렷한 숲의 신비⋯⋯

네? 아닙니다. 식목일은 쉬는 날이 아니며, 2년마다 잔인하고 날카로운 날씨가 된다고 합니다.

오누이는 친절해요

층계참의 그 일 이후
여상 나온 여자애들을 보면
혀가 굳고 허리는 굽고 허파에 구멍 납니다
죽기 직전까지 맞아 본 사람만이 이해하는 표정으로
짧고 좁은 치마를 바라봅니다
그 안에 짠 바다가 빛나고 있습니다
나트륨의 마음이 하복부를 반짝반짝

물론 저는 친절합니다
여자한테 맞은 이후로는 더욱 그래요
빛나는 것들의 폭력에는 뭔가 미학적인 게 있어
비밀을 지키려 저는 턱을 다물고 입 끝을 올렸습니다
해수욕장처럼 아주 친절하니까요

애인은 싸구려 폭죽처럼 짧은 자해를 즐겼고
스스로를 태워 버리길 주저하지 않았습니다
그때마다 씨발, 날카로운 소리가 시글시글
욕하지 말아라, 말하지 않았죠 그녀는 시끄럽게 학교에
다니다, 말다, 다니다가, 말다가

물론 저는 몽돌의 마음으로 살고 있습니다
평범한 마음이 갖는 가혹한 겸손
중간은 되기 위한 적절한 태도
말하지 않아도 알았고 배우지 않아도 깨쳐
학벌은 겸손하게 높아만 가고

애인은 이제 층계참에서 담배를 태우며
짧고 좁은 유니폼 밖으로 침을 뱉어 봅니다
해수면을 박차는 물수제비처럼
생의 어떤 부분이 아름답게 튀어 오를 수 있다면
전화를 붙잡고 친절합니다 그녀는 늘
사랑합니다 고객님

물론 저는 애인의 출근을 방해하지 않습니다
침묵은 친절보다 좋은 인사
폐장 전날의 바캉스처럼
오누이는 어색한 게 좋습니다
친절하니까요

아임 스트레인지 히어

먼저 강을 제대로 건너는 일부터 시작해
이토록 거대한 이정표를 본 적이 없지

입이 벌어졌고 오누이는
아직 훈련이 덜 된 것 같다
영어 학원에 다녀야겠어, 동생은 부드러운 사투리로
말했고 그것은 실패를 인정하는 어투

오누이는 손이 닿지 않는 등의 복판을
손가락을 굽히고 긁는다 더듬이가 돋고
손과 발이 구분 없이 움직이고 넋 놓아
있는 순간 지구의 생태는 이미 바뀌어
강변북로와 올림픽대로를 몇 번이고
주말의 리모컨처럼 돌고 있다

머리 가슴 배
머리 가슴 배
머리 가슴 배
셋으로는 부족해

오누이는 훈련이 필요하다

강을 가로지르는 구부러진 다리를 따라
사람이 되기로 한다 이정표를 바로 본다
볼 때마다 새로운
반짝이는 저 보폭
이 강을 제대로 건널 수 있을까

당신은 훌륭한 것 같다
성실하게 훈련받은 티가 난다
오누이는 영어를 배우러 가고
작은 차를 팔아 버리고
서로의 등에서 더듬이를 뽑아내며 다리를 건너며
다짐해

다음에는 무엇보다
지구에서 태어나지 말자

3부

핍진성

정신력

앉아 엎드려 멈춰 손
발을 손이라 말하면 손이 되었고
개새끼라 말하면 개새끼가 되었다

하느님은 모르는 지옥으로의 의지

좋아 잘했어 안 돼 그만
내 사랑을 모두 발정이라 불렀다
난 단지, 어떤 좆을 찾았을 뿐인데

여의도

 과제를 생각하며 미간을 좁히자 누나는 꽃을 보는 거니, 묻는다. 땅의 어디서부터 푸른 잎이 돋아나는지 모른다. 누나의 취미는 구름의 속도를 측정하는 것. 하늘의 변색을 추리하는 일. 감식은 사람을 질리게 만든다. 누나는 엄마랑은 다른 거야. 울 밑에 선 작은 식물이 봉선화야, 국화야? 이 정도는 알아야 모든 엄마를 다시 누나라 부를 수 있을 것이다. 니은과 미음의 차이라고 해 두자. 부드러운 차이는 사람을 진절머리 나게 한다. 굴하지 않고 계속해서 선한 이목구비로, 꽃이랑 나무의 성함을 물어 오는

 당신을 누나라 부르지 않겠다. 이제 너라고 부르겠다.

 너라고 부르니까 흠칫 놀란다. 놀라는 모습이 고라니 같지 않니. 말을 건다. 고라니는 약재가 아닌가. 혹은 북방의 사투리일지도. 네 눈은 쉽게 흔들리며 왼 눈과 오른 눈이 살짝 다르다. 눈밭의 발자국처럼 하는 말이 뻔하다. 착하고 허망한 눈이다. 그런 눈은 사람을 환장하게 만든다. 누이랑 누나는 엄연히 달라. 누이, 라고 발음하면 아침밥을 차려 주고 도시락도 싸 줄 것 같은 너. 그건 안 돼! 느낌표 자체

로 누이에게 이미 졌다. 아버지가 진짜로 손찌검을 했던가. 그럼 이제 너를 뭐라 부를까.

　벚꽃 보러 가자며 팔짱을 낀다. 하얗기도 분홍이기도 한 뺨 옆으로 잎이 제 몸을 돌리며 떨어진다. 줄줄이 돋아난 나무의 생식 활동은 처참하고, 단지 과제가 떠올랐을 뿐이다. 너는 꽃과 강, 하늘과 구름, 바람과 초식동물에 대해서 누누이 강조해 왔다. 그런 태도는 사람을 비겁하게 만든다. 그런 지시는 사람을 부끄럽게 한다. 팔의 안쪽을 슬며시 잡은 누나의 잎. 느낌표의 아랫도리처럼 오줌을 지릴 것 같다. 그럴 때면 하릴없이 불러 보는 것이다. 누나! 멀리서 빌딩 사이로 대답이 돌진해 온다. 편하게 불러, 라고 넌 끝내 말하지 않았다.

그의 옆집

그의 옆집에서 우리는 커피를 나눠 마셨다. 늙은 시인, 더욱 늙은 시인이 입술을 둥글게 하고 액체의 표면을 후후 불었다. 그의 옆집에서 우리는 장기를 두었다. 늙은 시인과 더 늙은 시인이 마주 보았다. 더욱 늙은 시인이 여러 가지를 참견하였다. 옆집은 조용하다. 그의 옆집에서 우리는 중국 음식을 주문했다. 짬뽕과 짜장면과 탕수육이 왔다. 늙은 시인이 침을 흘리고 더 늙은 시인이 랩을 뜯었다. 더욱 늙은 시인이 나무젓가락을 비대칭으로 갈라놓았다. 그의 옆집에서 북방의 냄새가 번져 나갔다. 담을 넘어가는 빨간 냄새를 늙은 시인은 황망히 쳐다보았다. 덜 늙은 시인이 큰일 났다는 시늉을 하며 손을 휘적거렸다. 더욱 덜 늙은 시인이 스프레이 모기약을 뿌렸다. 그의 옆집에서 우리는 커피를 나눠 마셨다. 옆집은 조용하다. 물을 끓이고 종이컵에 프림을 부었다. 젊은 시인은 조용히 장기판을 다시 편다. 덜 젊은 시인은 담배를 물고 라이터를 찾는다. 더욱 덜 젊은 시인은 그러모은 침을 화분에 뱉는다. 옆집에서 사이렌 소리가 들리는 것 같다. 옆집에서 총소리가 나는 것 같다. 옆집에서 살이 터지고 뼈가 부러지는 것 같다. 우리는 늙었으니까 잘못 들을 수 있다. 우리는 젊으므로 행복할 권리가 있다. 우리는 그의 옆집에서 그의 발소리를 숨죽여 기다린다. 급기야 시인들은 서로를 몽둥이로 때리며 점점 분명해지는 옆집의 소리를 외면한다. 우리는 계속해서 늙었다. 옆집은 그대로다. 보이지 않는 것은 보지 않을 수 있게 되었다. 남은 음식이 뒤섞인 그릇을 오늘 자 신문으로 덮는다. 악마의 행복도 이렇게, 치밀하지 못했다.*

---

* 김남주의 「학살 2」에서 변용.

과연

　할까. 신발을 벗는 일에 망설임이 없다. 같은 마음가짐으로 후크를 찾으러 손가락은 뒤로, 여행을 떠났다. 냄새날까. 숨쉬기에 조금은 편해질 것이다. 냄새가 들어오는 구멍에 무수한 털이 자란다. 녀석이 그곳을 주저 없이 만져 주면 오소소 돋을 것 같다. 추울까. 오갈 데 없는 눈이 거리에 내려앉았다. 녀석과 사이좋게 포개질 수 있다. 겨울에 먹는 햄버거처럼. 서로 만질 수 있다. 의심으로 빚은 채소와 고기처럼. 맛있을까. 거기에서는 늘 발가락과 발가락 사이에 숨어 있던 향이 돋아났다. 좁은 틈에서 으스스한 바람이 불었다. 뒤로 떠난 두 팔 중에 하나가 사라져도 모를 맛이다. 죽어 버릴까. 쉬운 일은 아니었다. 이유를 찾기 어려웠다. 신발 끈을 풀어야 했다. 탄탄한 줄이어야 목을 맬 수 있지만, 모든 것은 필요 이상으로 부드럽고 상냥했다. 부끄러움으로부터, 행복할까. 어리석은 손가락이 넓디넓은 뒤의 어디 즈음에 여태 트래킹 중이다. 그곳에 도착하면 늦은 오후가 되어 있겠지. 이 모든 후크를 풀어 버릴 것이다. 녀석을 사랑한다. 과연?

기차 여행

그가 왔다 그의 발소리는 정확한 박자로 어두운 층계참을 두드렸다 창문 밖에는 질퍽한 눈이 앉았다

이상한 인간은 인간이 아니다

그가 턱을 치켜들었다 현관에서 바퀴벌레가 놀라 뛰쳐나왔다 혹독한 겨울을 우리는 함께 통과했다 눈은 온전히 녹지 않고 점점 짙은 갈색이 되었다

너는 인간이 아니다

그는 군홧발로 안방에 들어왔다 지저분한 이불이 그의 발밑에서 꾸물거렸다 누워 있던 우리는 술통에 담긴 뱀처럼 일어났다 입 속에 혀를 가두었다

너는 너도 아니다

그는 숫자를 세었다 어디서 멈출 줄 몰랐다 우리는 급한 동작으로 앙상한 가방을 채워야 했다 치약과 팬티, 시집과

생리대, 두통약과 야구 모자

  너는 아무것도 아니다

  그는 밖으로 나가라 하였다 천상에서 떨어지는 얼음 알갱이가 정수리에 쌓였다 고개를 숙이고 눈앞의 복사뼈를 보고 걸었다 하염없는 철로를 향해

  너는 이상하다

  그가 턱으로 가리킨 기차는 온통 차가운 금속성이었고 우리는 화물처럼 반듯하게 엉켰다 철로는 갈색 눈을 누르고 육중하게 뻗어 있었다 소지품이 담긴 가방이 잦은 진동에 입을 벌린다

  너는 없어져야 한다

  그는 확성기에 대고 말했다 최대한 신경을 귀에 모았지만 알아들을 수는 없었다 기차가 선다 우리 중에 다른 우

리가 눈밭으로 떨어져 나간다 기차가 간다 소지품을 하나 하나 버리면서

  너는 우리가 아니므로,

도자기 뼈

사람들은 뼈에 관심이 없다
사태가 일어나기 전까지 뼈는 괜찮다

아버지는 좁은 방을 도자기로 채우고
다 산 노인처럼 속눈썹 사이로 쳐다보길 여러 번이었다
어린 나는 신문지에 싸인, 숨을 고르고 있는 그것들을
벗겨 내었다 흰빛이 쏟아지는, 주둥이가 작은 그것들을
떨어뜨렸다 빛과 그늘의 경계에서 흩어지는 뼈의 가루들

아버지의 어머니는 나의 할머니다
그 사실이 가끔 뼈가 깨질 만큼 슬프다

뼈가 부러진 노인을 들쳐 업고 나선 거리
깨진 도자기의 부분들이 나뒹굴고
사람들은 작은 것들에게 관심을 쪼개 주지 않는다
아버지의 어머니는 짧은 신음을 나눠 뱉었다
으스러져 녹아 버린 뼈를 제 살 속에 감추고
작고 구부러진 사람, 진토처럼 엉망이 되어
누워 있다 밥은 먹었느냐고 물어보는 작은 조동이

간호사는 몇 번이고 혈관을 잘못 짚었고
퍼런 멍이 느린 붓질처럼 떠올랐다

아버지의 도자기는 방을 떠나지 않고 있다가
한꺼번에 깨졌다 징그러운 소리를 내며 부서졌다
나는 맞았다 힘이 없는 매질에 괜한 짜증이 치밀어
못생긴 도자기처럼 파삭 깨지고 싶던

사태가 일어나자, 새로 생긴 표면에 본드를 바르는 남자
조심하는데도 결국 부서지고 마는

성실한 방학

 너희에겐 더 이상 탐구할 생활이 없단다. 외우도록 해. 질문을 하면 탐색과 구상 없이 바로 대답할 수 있도록. 수수깡은 충분히 준비되어 있단다. 메마를 준비가 되어 있다는 뜻이야.

 우리는 교육 방송 주파수를 찾습니다. 메가헤르츠, 메가헤르츠 따라 부릅니다. 우리의 소리를 찾아서 그대가 그토록 환상 속에 있었음을 난 알아요. 우리의 방학이 이대로 영원히 혼선이었으면 좋겠습니다. 이 밤이 깊어 가지만, 지금 노래를 합니다. 그는 노인입니다. 그를 본 적이 없기에 웃습니다. 마른 수수깡에 물을 뿌립니다. 침이었을까요. 메가헤르츠, 메가헤르츠 우리의 소리를 찾아서 숙제를 하기에는 너무나 아름다운.

 너희는 바둑이와 더불어 좀 맞아야겠다. 팜파스의 먼지 구름, 툰드라의 광합성. 움직이지 않으면 보기 좋게 박힐 수 있단다. 압정은 충분하다는 뜻이야.

 우리는 엄살을 부려 봅니다. 우리는 소리 지를 수 있어요. 우리는 바둑이처럼 골목 한복판에서 사랑을 나누고 싶어요. 뜨거운 방학에는 서로를 탐구하고 싶어요. 오, 그대여 가지 마세요. 끝없는 혼선의 말을 함께 잡아채요. 메가헤르츠, 메가헤르츠. 수수깡은 좀 부서져야겠어요. 그것은 우리의 침이었을까요. 나는 당신을 뱉었을까요. 탐구하기에 너무나 짧았던, 나는 그대의 영원한.

아스팔트 사나이

마을 회관 앞에는 꺼끌꺼끌한 밭이 있고
남자의 트럭 안은 곡괭이와 흙이 엉켜 있었다
코가 예쁜 여자 선배는 담배 연기 사이로
똑바로 하라 했다

뭘?

밭으로 간 친구들은 마늘대가 되었다
하우스로 간 친구들은 담뱃잎이 되었다
파란 트럭의 사내는 나이보다 들어 보였다
사람 좋게 웃으며 좀 먹고 하자고
겉이 불퉁한 주전자를 내밀었다
주전자를 기울여도 허방뿐이었다 우리는 웃었다
남자의 까만 주름 앞에서
꽈리처럼 쪼그라들었다

뭐가?

제법 멋진 표정으로 오른 주먹을 추켰다

마늘밭에서 나눠 마신 곡주가 춤을 췄다
코가 예쁜 선배가 마른 논 같은 목소리로
트럭의 사내는 좋은 활동가라 했다
마을 회관 앞에는 마른 마늘밭
마늘밭 뒤에는 흔들리는 트럭
그녀는 그때에

무엇을?

우리는 예민한 개구리처럼 볼을 크게 하고
좋은 사람을 끝내 의심하기로 했다
덜 자란 마늘은 매웠고 눈물이
마른 잎처럼 말려 올라간다
뜨거운 아스팔트, 파란 트럭에 실려 우리
발가벗고 베어지고 으깨지는 동안에

어디로

11시 45분

앉고 싶다는 전 지구적 욕망이 무릎에 신호를 보낸다 앉고 싶다 나는 피곤해서 앉고 싶다 나도 사람이고 피곤하고 앉고 싶다 세 번, 손바닥에 문장을 채우면 빈자리가 보이기 마련이다 중력은 하반신에 유독 친근하게 굴고, 뻔뻔한 남자처럼 어디서나 손 뻗친다 종아리에 들러붙은 부음들, 허벅지와 허벅지를 붙이고 태양의 흑점처럼 몸의 가운데를 가린다 차라리 이대로 멸망하고 싶어, 부은 종아리를 엄지손가락으로 눌러 본다 터질 것 같은 둥근 운석들이 오돌토돌하다 내 손보다 더 친밀하던 당신의 손, 그 속의 소용돌이를 기억한다 손바닥을 펴고 당신, 멀리에 있는 당신, 멀리에 있고 보고 싶은 당신, 이름을 세 번 쓰면 관성에 따라 머리는 기울어지게 되어 있다 법칙이 없는 하강, 타인의 어깨에 얼굴이 닿으면 나는 잠시 중력이 없는 상태, 눈을 감으면 정체를 알 수 없는 음악이 앞니를 드러내며 웃는다 귀를 막고픈 최신 음악과 코를 막고픈 아래턱, 나는 손과 팔의 숫자가 둘뿐이다 파충류처럼 팔짱을 끼고 시끄러워, 보호색을 입는다 시끄러워, 눈알을 굴려 본다 시끄러워, 참을성은 종아리처럼 붓고, 자고 싶다는 우주적 욕망에 무릎이 벌어진다 당신의 부음 때문일까 이제야, 한 도시에서 다른 도시로 밤은 넘어간다

부서지는 동그라미

 알아? 불알이 따뜻하면 온몸이 따뜻해진다는 걸 가끔 땅바닥을 오랫동안 쳐다봤다는 걸 지열이 흐르는 미세한 길을 찾았지 모퉁이에 몸을 둥글게 말았지 올라오는 온기를 하나도 흘리지 않으려 작은 조류의 힘없는 알처럼 웅송그렸지 불알을 조물조물 만졌단 말이야 불알이 불안해 자꾸만 움츠러들었어 깊은 주름이 생겼어 엉덩이 속 깊숙한 곳으로 차고 어두운 밤이 좌약처럼 밀려 들어왔어 그 느낌, 몰라? 벌거벗고 비누를 주워 봐 아주 희뜩한 무엇, 넌 알까? 난 알아 불알을 맞으면 온몸이 아파 늘 허리를 숙였어 아무리 만져도 따뜻해지지 않았어 이상한 일이지, 불알이 자꾸만 단단하게 부어 불안한 마음에 대거리를 하나 봐 덜렁거리는 불알들이 불순하게 나를 보네 난 곧 걷어차일 운명, 온몸이 아프겠지 알고 있었어? 불만 가득한 밤, 불안한 포즈로 불알 아래 벗겨진 내 가여운 바지를 봐 발목에 걸려 형편없이 구겨지고 있잖아 다리를 벌리면 그곳에 가득할 차고 무서운 밤들, 나는 최대한 몸을 둥글게 말아 눈을 감지 불알을 만지면 잠들 수 있을까 한여름의 불량한 불알처럼 나는 깊은 주름에 둘러싸이네, 알아? 땅바닥에 귀를 대면 들릴지도 몰라 희뜩한 길거리의, 부서지는 종소리

낯선 도시의 시청 앞

투명한 더위를 보관하기 위하여

사진 속에서 너와 나는 작은 점으로 존재하고 아름다운 도시의 오랜 관청 앞에서 웃는다. 그런 흔한 표정은 아무 쓸모가 없다. 사진의 대부분은 거대한 시청과 주위를 둘러싼 공기. 그것을 추억이라 말하기는 쑥스럽다. 더위가 인상을 구긴다.

소매치기와 강간범이 득시글거렸다
구름은 푸르고 하늘은 높을 것이다

여권을 잃어버린 너와 나는 광장의 중앙에 와서야 그 사실을 안다. 정시에 축제는 시작되었다. 너의 불안감처럼 폭죽은 터져 나가고 폭발 아래에는 사람들이 재처럼 푸석거린다. 무료하게 터지는 불꽃이라니, 너는 우리가 왔던 길을 되밟으며 여권을 찾는다. 나는 광장 주변의 발음을 전자사전으로 검색한다. 인파를 빠져나간 너의 뒷모습을 훗날, 기억할 수 있을까.

노상강도와 험악한 취객이 차고 넘쳤다
축제는 즐겁고 도시는 깔끔할 것이다

한때 우리는 뜨거웠다. 공항에 들러 고속도로를 지나 지하철을 타고 에스컬레이터에 탑승해 횡단보도를 걷고 지하상가를 거쳤다. 세상에서 가장 더운 광장, 너는 그 길을 되돌아간다. 폭죽은 하늘로 솟구쳐 제자리로 돌아가며 식는다. 이 엄청난 더위가 아무렇지도 않다는 듯, 공기 중에 흩어지는 가벼운 함성.

흉악범과 금치산자가 시청 위 마른 공기를 쳐다본다
불꽃놀이가 끝나면 그들은 입맛을 다실 것이다

사진 좀 찍어 주세요,
너를 기다리는 나를
투명한 온도 한 장으로 남기려

눈의 여왕

 좀처럼 큰 눈이 오지 않는 소도시가 있다 그 지방에는 맛있는 음식도 없고 유별난 유지도 고즈넉한 유적지도 없다 시청 뒷골목 노후한 상가들은 모두 문을 닫고 그저 눈을 구경한다 오랜만인 미끄러움을 방치하며 바닥 그득한 추위를 즐기는 것이다

 사내는 목을 움츠리고 차에 쌓인 눈을 털어 낸다 옆자리에 어린 애인을 내리지 못하게 단속한다 그녀에게는 너무 추운 날씨고 사내의 차는 연식이 오래되었다 뒷바퀴를 감싼 체인을 점검하는 사내의 숨이 점점 거칠어진다 시청 앞 원형 교차로는 엉망이 되었고 누구도 경적을 울리지 않았다

 눈이 쌓인 건 처음이었고 공무원들은 가슴께까지 오는 비를 들고 길을 만졌지만 눈은 무심히 쏟아졌다 사내는 여자를 사랑하고 녹지 않고 계속해서 두터워지는 마음이 사내를 다급하게 만들었다 손바닥이 흥건하도록 핸들을 쥐고 있건만 차는 이리저리 미끄러졌다 여자는 점점 차가워지고, 사내는 눈사람처럼 시간이 없다

눈이 이리 쌓이긴 처음이오, 지나가는 늙은 사내가 그의 굽은 등 뒤로 말했다 그런데 당신들은 왜 손 놓고 아무 일도 하지 않는 거요? 사내의 입김이 노인의 얼굴을 가렸다 이마에 맺힌 땀이 처마 아래 얼음처럼 날카롭다 때론 그냥 보고 있는 것만으로 충분한 게 있는 법이라오 여자는 차창에 기대 서서히 얼고 있다 순한 곡선을 두른 그녀의 눈이 먼저였다

속도를 높이던 차는 혼곤히 몸을 틀었다 여자는 몸의 바깥쪽에서부터 안쪽으로 점점 단단해진다 지방의 고속도로는 구불구불하고 경사가 사납다 이 지방에 이토록 쏟아지는 하얀 마음들은 처음이라네 결국엔 없어지지 않겠나 사내는 경적을 울리고 욕을 뱉었다 모두 얼음의 열기 속으로 사라졌다 여자는 어느새 대기 바깥 완전한 결정체가 되었다 저 요금소만 지나면, 우리는 녹을 수 있을까 눈이 귀한 지방 소도시, 여자가 발을 들인 후에 그것들은 나타났다

눈발 날리는 회오리 사이, 나들목을 지난 사내의 눈앞에 낡은 시청이 다시 나타난다

우리는 완전히 다른 사람

그때 당신과 나는 어깨를 걸치고 포장마차를 나서며, 불쾌하고 영원한 우정을 맹세하였다. 낯간지러운 새벽은 빠르게 골목을 점령했다. 우리는 온몸을 구겼다. 고향의 억양을 게웠다. 위장에 안착하지 못한 치들이 구불구불 쏟아졌다. 당신과 나는 몸을 비비 꼬고 택시의 이마를 만졌다. 거기 완전히 다른 사람이 너희 같은 놈들은 태울 수 없다, 하였고

그때 당신과 나는 불 밝힌 어둠 속에서 자리를 옮겨 가며 서로에게서 더 깊은 상처를 찾으려 노력하였지.

그때 당신과 나는 해 저물녘 하늘에 감탄하며 간단한 음식을 주문하였다. 가벼운 사람이 되기로 했다. 병을 든다. 수입 맥주를 입술에 매달고 독일 사람, 유대 사람을 기렸다. 양 꼬치 냄새가 천천히 밀려든다. 테이블 사이로 조선족이 바삐 걷는다. 무섬증을 숨기는 표정이다. 허리를 숙인다. 스피커를 뚫고 나온 팝송이 그녀의 가슴골을 파고든다. 타 버린 양의 살점을 가려내며

그때 당신과 나는 꼬박꼬박 서로의 빈 잔을 채우며 우리 둘은 정말로 좋은 사람이라고 힘껏 부둥켰지.

그때 당신과 나는 각자 집으로 돌아가기 위하여 물끄러미 하늘을 보았다. 택시는 출발하지 않았다. 새벽은 몇 점 남은 어둠을 몰아내고 있었다. 목덜미부터 밝아 오는 여명 사이로, 완전히 다른 사람의 목소리가 너희 같은 놈들은…… 어디서 많이 본 맹세가 나타나고 사라진다.

그러나 지금부터 당신과 나는,

옥상에서 일어난 모든 일은 비밀이야

옥상에서 몸을 던진 사람 하나 본다. 옥상에서 사람이 죽는 일에 대해 어찌 생각하는가. 생각은 자동차보다 빠르다. 열까지 세어 볼래? 한 대, 두 대, 석 삼, 너구리, 오징어. 그러는 사이에 또 한 명이 몸을 던진다. 생각보다 빠른 투신이 위험을 감지한 짐승처럼 이어진다. 원리는 간단하다. 차근차근 짚어 볼까? 굴속에 너구리가 있다. 바깥에는 지독한 매연, 매연 속에는 못 박힌 각목, 각목 끝에는 너와 나의 손목이 있다. 또 누가 죽었다는 소식이다. 손목의 끝에는 고운 손가락이 있고, 우리는 자가용 핸들을 가볍게 쥐던 손으로 악수를 했다. 그것이 우리의 일이며 그들의 일과는 완연히 다르다. 그 틈에 또 다른 이가 죽은 동료를 따라간다. 이런 일은 너와 나를 피곤하게 하고, 마른안주처럼 씹어 넘기면 좋을 일이다. 방금 누가 또 떨어졌다. 음주 운전은 하지 않지만 사람은 죽일 줄 안다. 옥상에서 벌어진 일을 철저히 조사하긴 어렵다. 자동차는 생각보다 느리기 때문이다. 옥상에 올라 하나하나 주워 볼까? 새총과 돌 반지, 최루액과 족구 시합, 음치와 합창. 그사이 또 한 사람이 옥상에서 떨어진다. 머리가 박살 난다. 죽음은 그들에게 주어진 일이 아니었다. 옥상의 일은 없었던 일로 하자. 또 누군가의 비명. 비밀도 아닌 비밀이 막 뽑아낸 자동차처럼 미끈하다. 그가 죽는다. 누가 옥상에서, 일하려는 짐승을 사정없이 패는가. 너와 나의 일은 아니지만, 우리는 육개장을 후루룩

대축척지도

　이방인들이 수억 번 접힌 지도를 공들여 편다. 그들은 키우던 허브와 물개의 복부를 요리하는 광경을 가만히 지켜보고 있었다. 지도가 다 펴진 순간,

　최초 지도 제작자는 스파이로 몰렸다. 손가락 하나하나가 줄에 묶였다. 튼실한 말에게 채찍을 가하자, 그의 손이 산맥처럼 길게 찢어졌다. 회처럼 팔딱거리던 엄지와 집게가 마지막 등고선을 그리려고 끝내 바닥을 짚었다고 한다. 누에 같았지, 아냐 개불 같았어. 장대에 내걸린 그의 지문을 구경하며 주민들은 지도 따위는 까맣게 잊어 갔다.

　지도는 밀봉되었다. 벙커는 안전해 보였다. 지도를 언급한 자는 얼버무린 해안선처럼 대충 없어졌다. 쥐의 앞니가 지도를 탐했고 가장자리가 완곡해졌다. 지도는 스스로 들썩거리며 켜켜이 바람을 일으켰다고 한다. 헌책방 같았지, 아냐 월마트 같았어. 주민들의 기억력은 대략적이고, 지도가 어떻게 사라졌는지 아는 담당자는 자리에 없다.

　오롯이 다 펴진 지도는 지구를 삼킬 것이다. 주민들은

하나하나 단단한 줄에 매여 자신의 축척을 가늠한다. 지도는 지구를 덮는 얇은 이불일지도 모른다. 지도는 완강하게 접혀 쥐의 위장에 담겼을지도 모른다. 우리가 주민이 아닐지도 모른다. 최초의 지도 제작자는 끝내 비명을 지르지 않았다. 주민들에게는 힌트가 없었고 어려운 문제는 곧,

  이방인들이 지도를 구했을 때, 주민들은 어린 소의 혀와 큰 참치의 얼굴에 머릴 박고 있었다. 지도의 마지막 접힌 면, 대축척지도가 퍼지는 걸 모른 채.

핍진성

존경하는 주민 여러분
상대방은 거짓말의 달인입니다
저와는 완전히 틀립니다 아니, 달라요
성격 차이입니다 아니, 정책 차이죠
저는 정직합니다 아니, 일을 잘합니다
이번 선거는 인물로 선택하세요
저는 잘생겼고, 당신을 사랑합니다
그렇습니다만, 인물의 구성 요소를 아시오?
주제, 구성, 문체 혹은 리듬, 감각, 심상
어쩐지 생각이 나지 않지만
당신 하나를 사랑하는 일꾼이 되겠습니다
지역 경제와 서민을 사랑으로 챙기는
당신은 벌써 거짓말을 하고 있소
도저히 사랑할 수 없는 것들만 이야기하잖아!
그것이 바로 입체적 인물입니다
거짓말은 늘 어디선가 일어날 것 같으니까요
상대방은 소설을 쓰고 있습니다
아침 신문을 보며 겨드랑이를 끌끌 차고
우유를 마시며 설사처럼 부드러워집니다

국민의 권리를 포기하지 마세요
여자가 나오는 술집에 가서
작가입네 교수입네 지지를 호소합니다
상대 후보가 식목일 산행에서 벌인 일을 아십니까
가정집에서, 옆집에서, 세계 곳곳에서
더 이상의 폭로는 자제하겠습니다
저는 상대방과 틀립니다, 아니 다릅니다
도대체 뭐가 다르다는 거요
물론 정책이죠, 성격이거나
그것들을 합해 인물이라고 부른다면
저는 잘생겼습니다
존경하는 주민 여러분
거짓말은 늘
있을 법한 일이니까요

■ 작품 해설 ■

총력전 시대의 정치시
— 들끓는 마음의 윤리

박슬기(문학평론가)

1 총력전의 시대, 정치적 연대는 가능한가

"만국의 소년이여, 분열하세요."(「소년 파르티잔 행동 지침」)라던 명령이 있었다. 공산당 선언을 유쾌하게 뒤집어 놓은 이 명령은 정치적 연대와 단결을 교묘하게 비웃는다. 분열의 명령은 조직적인 단결을 해체하는 것일까? 아니, 단일한 정치적 연대가 불가능한 시대에 단결은 개인의 단위에서만 가능하다는 성찰이다. 분열한 만국의 소년들 수만큼 결사대는 불어나며, 각각의 개인들이 마주치는 모든 국면에서 이들은 다면적인 전선(戰線)을 형성하는 것이다.

서효인은 첫 번째 시집 『소년 파르티잔 행동 지침』에서 후기 자본주의 한국 사회를 살아가는 다양한 인간 군상들의 삶을 보여 주었다. 구멍가게 주인이거나 다방 레지이거나, 혹은 일하다가 죽은 노동자이거나 간에, 이들은 모두 자본적 관계에 귀속되어 있다는 점에서 동일한 조건에 놓여 있다. 그러나 그들이 자신의 개별적인 삶에서 마주치는 국면은 모두 다르다. 그들을 일괄적으로 하나의 계급적 집단으로 호명할 수는 없다. 가령 고연봉 전문직 종사자는 노동자인가 아닌가. 재개발 지구 철거민들은 동남아시아 소년공들과 같은가 다른가. 말하자면, 이제 단일한 계급적 호명은 불가능하며, 우리는 무엇으로도 집단이 될 수 없으므로 영원히 고립된 정치/경제적 원자들이다. 서효인이 후기 자본주의 한국 사회 속에서 어떤 정치적인 가능성을 모색해 왔다고 한다면, 그것은 다양한 처지의 인간들을 단순히 하나의 계급으로 환원하는 일을 거부하고 각 개인이 마주치는 정치/사회적인 국면들의 본질을 꿰뚫어 보고자 했기 때문이다.

그렇다면 한 시인의 혹은 한 개인의 '정치적' 투쟁이란 나 이외의 자들과 연대하여 그들을 해방하는 길로 나아가는 것인가? 서효인은 이 시집에서 개인들이 마주친 정치/사회적 국면의 가장 심층에까지 이른 것 같다. 모든 개인들을 하나의 거대한 집단으로 호명할 수 있었던 시대, 거대한 자본의 질서를 한꺼번에 뒤흔들 수 있었던 힘을 이 집단이 가질 수 있었던 시대에 혁명은 가능할 수 있었다. 그러나 이제 이러한 전쟁은 가능하지 않다. 이제 전선은 집단과 집단 사이가 아니라, 개인과 집단 사이에 무수히 형성되었기 때문이다. 전방과 후방이 구별되지 않는 이 전쟁, 모든 공장이 군수공장이고 모든 개인이 싸움터에 내몰린 시대의 전쟁은 총력전이다. 총과 칼은 자본의 뒤에 숨어들었고, 자본주의 백 년의 평화 안에서 우리는 다만 두 종류의 삶의 형태를 강요받는다. 폭격을 당하거나 혹은 제외되어 안도하거나.

"노래책을 뒤지며 모든 일을 망각하는 당신은 유머러스한 사람이다. 불침번처럼 불면증에 시달리는 당신은 사람이다. 명령을 기다리며 전쟁의 뒤를 두려워하는 당신은 사람이었다. 백 년이 지나 당신의 평화는 인간적으로, 계속될 것이다. 당신이 사람이라면."(「백 년 동안의 세계대전」) 그는 눈 앞에서 펼쳐졌고, 펼쳐지고 있는 전쟁 속에 인간, 투쟁, 역사가 고스란히 전개되고 있음을 알아차렸다. 말하자면, 그에게 백 년 동안의 전쟁, 이 총력전으로서의 자본주의 사회는 역사와 인간에 대해 일종의 물음을 제기한다. "불침번처럼 불면증에 시달리는 당신", "명령을 기다리며 전쟁의 뒤를 두려워하는 당신"은 무엇을 두려워하는가. 총칼이 비호하는 자본주의의 질서 속에서 우리는 어떤 가능성을 꿈꿀 수 있을까. 이 가능성에 대해 서효인의 새 시집은 폭력의 역사와 인간성 사이의 관계를 끈질기게 성찰함으로써 대답하고자 한다.

2 도덕과 폭력의 은밀한 공조

총력전의 시대에 개인은 하나의 벌거벗은 신체에 지나지 않는다. 시집을 가득 채우고 있는 성과 폭력의 은밀한 연관 관계는 이 폭력이 자행되는 지점이 한 개인의 신체에 해당한다는 것을 선명하게 보여 준다. 가령 「아프리카 논픽션」에서 다음과 같은 제국주의자들의 대화, "양가죽 타악기처럼 툭 튀어나온 저 엉덩이를 보게 놀랍지 않은가, 콜린스가", "저 음순이야말로 빅토리아 호수의 현신이지 않은가 말일세, 올리비에가"라고 말할 때, 이들의 시선 속에서 인간의 신체는 외설적 대상으로 전락한다. "툭 튀어나온 엉덩이, 마운틴고릴라, 제거된 음순, 하마의 어금니, 손톱 다이아, 신종 성병, 향긋한 커피콩, 터무니없는 무더위 모두 밀랍이 되었다. 교회 옆 '콜린-올리브' 자연사박물관에 각기 따로 전시되었다."에서 전시되는 바는 신기하고 이국적인 것들이다. 이들 제국주의자들의 순회 속에서 아프리카적인 모든 것은 오직 "짭짤하겠지! 부자가 될 거야!"라는 기대 속에 상품으로 회수되어 전시된다.

자본의 확대가 전 지구적으로 확대되기 시작했던 19세기에 제국주의자들이 인간을 법의 바깥, 비인간의 영역으로 내몰았던 양상은 2011년 미국이 관타나모를 대하는 방식에서 더욱더 선명해진다. 「관타나모 포르노」에서 고문과 폭력은 성적인 행위로 은유된다. "상병이 되는 날을 손꼽아 기다"리는 제임스 일병이 상상하는 "알몸으로 비누나 음모를 줍는 일, 부탄이나 네팔 사람들과 마시는 위스키, 마늘이나 향신료 속에서의 고문"은 제국주의 권력이 전 지구에서 일으키는 폭력에 해당한다. 이 시에서 관타나모 수감자들은, 혹은 세계의 모든 벌거벗은 신체들은 이러한 폭력에 대해 대체 무슨 일을 할 수 있겠는가. 그들은 국적이 없으므로, 시민이 아니고 시민이 아니므로 법 바깥에 버림받은 자들이기 때문이다. 그럼에도 불구하고 이러한 폭력은 무차별적으로, 그것도 신성한 것으로 수행된다. "구멍에 손을 넣었다 빼고 다시 넣는 것으로 시작하자 글로리 랜드, 글로리 랜드"(「관타나모 포르노」), 제임스 일병이 빠르게 되뇔 때 그는 하나의 국가가 만들어 내는 평화로운 질서에 영광스럽게 동참하는 것이다. 폭력은 국가의 이름으로 수행된다. 9·11 테러도, 아랍에 대한 무차별 폭격도 그것은 신성한 국가를 수호하기 위한 것, 국가가 보호하는 생명을 위한 것이라는 점에서 정당화되는 것이다.

이때 신의 이름은 다만, 인간보다 숭고한 이념을 상징할 뿐이다. "뜻대로 이루어지소서!"(「다마스쿠스 여행 에세이」)를 외치면서 무수한 이교도들을 약탈하고 살해했던 먼 옛날의 십자군 전쟁은 본질적으로 무엇이었던가. 신의 이름은 약탈과 폭력에 도덕적 헤게모니를 부여하는 이름이었을 뿐이다. 보편적 신의 단일한 말씀으로 무수한 이방인들의 방언을 제압하고 하나의 단일한 공동체, 인간보다 높은 인간의 집단을 세우는 것이다.

한쪽에서 국가의 이름으로 폭력이 이루어진다. 그것이 어떤 이름을 달고 있든, 폭력을 당하는 당사자는 아무런 이념을 달지 못하고 다만 하나의 신체로서 폭력을 온전히 당해야 한다. 그런데 우리의 도덕은 아마도 이러한 폭력을 용납하지 못할 텐데, 어째서 이러한 폭력들이 인간의 역사를 지배할 수 있게 된 것일까. 우리가 침묵으로써 공조했기 때문이다. "급기야 시인들은 서로를 몽둥이로 때리며 점점 분명해지는 옆집의 소리를 외면한다. 우리는 계속해서 늙었다. 옆집은 그대로다. 보이지 않는 것은 보지 않을 수 있게 되었다. 남은 음식이 뒤섞인 그릇을 오늘 자 신문으로 덮는다. 악마의 행복도 이렇게, 치밀하지 못했다."(「그의 옆집」) 내가 당하지 않는 한에서, 나는 침묵해야 한다. 이 폭력의 공조는 도덕의 이름으로 수행되는 것이다.

> 그는 다시 걷는 일에 골몰한다
> 도덕을 지키기 위하여

> 멍청한 짐승의 내장을 빠져나오다 몇 명의 여성과 몸이 닿았다 정중하게 사과하고 싶었으나 여성들은 걷는 데 노력을 기울였다 노력하는 모습은 도덕적이다 그는 노력이 부족해 몸을 맞대었고 냄새가 나지 않을까 걱정하지만, 걱정하는 마음은 비윤리적이다 그것은 멍청한 짐승의 냄새였고 짐승

에게는 도덕이 없다

  지갑을 꺼내려 오른손으로 본인의 엉덩이를 만진다 엉덩이를 만지는 것은 도덕적이다 자신의 몸은 자신이 사랑하여야 하고 지갑은 없고 깊은 구멍에는 바람만이 가득하다 쪼그린 자세로 개찰구를 빠져나와 주위를 살피지만, 두리번거리는 일은 비윤리적이다 그것은 당혹스러운 찰나였고 순식간에 지갑을 빼내 가는 짐승은 없다

(중략)

그는 전단지 버릴 곳을 찾는다
도덕이 그를 지켜본다
                    —「아주 도덕적인 자의 5분」에서

  이 시는 도덕과 비윤리를 맞대응시켜 가며, 도덕의 윤리성을 조롱한다. 몸을 맞대지 않고 걸어가려 "노력하는 모습은 도덕적이다"와 냄새가 나지 않을까 "걱정하는 마음은 비윤리적이다", 자신의 "엉덩이를 만지는 것은 도덕적이다"와 지갑을 찾아 "두리번거리는 일은 비윤리적이다"의 대칭에 걸려 있는 도덕과 윤리는 무엇인가. 그는 도덕과 비도덕을, 윤리와 비윤리를 맞대지 않고, 비도덕과 윤리를 삭제함으로써, 비도덕과 윤리를 동일한 것으로 만든다.

다시 말해 보자. 냄새가 나는 것은 인간에게는 비도덕적일 수 있다. 피해를 주기 때문이다. 그러나 짐승의 입장이라면 그것은 가치중립적이다. 짐승에게는 도덕이 없기 때문이다. 말하자면, 내가 냄새를 걱정하는 것은 '비어 있는' 가치에 도덕을 부여한다는 것이다. 그 걱정은 피해를 끼치지 않는다는 점에서 비도덕적이지 않지만, 비윤리적이다. 여기서 도덕과 윤리 사이의 은밀한 구별이 생긴다. 도덕은 사회적 관계에서만 발생한다. 이 세계의 가장 중요한 도덕은 '타인을 침해하지 않는 것', 다시 말해, 방임하는 것이다. 여기에는 걸을 때 몸을 부딪치지 않는 것, 타인의 재산을 침해하지 않는 것까지 모든 것들이 포함된다. 이러한 도덕의 출발점은 타인을 타인으로서, 타-주체로서 인정하는 것이다. 그러므로 그것은 인간의 영역이다. 그러나 이 인간들의 관계망을 인간의 고유성 위에 둠으로써 이에 위배되는 인간들을 제거하는 일을 정당화하는 것은 사실상 폭력의 영역이다. 공동체에 적대적인 '것'으로 간주되는 순간, 도덕의 이름으로 처단된다. 우리는 이 공동체의 머리(국가)가 개인에 행하는 폭력을, 도덕의 이름으로 묵인한다. 이것은 비도덕적인가? 아니, 도덕적이다.

그러나 윤리는 존재 방식의 문제다. 인간은 인간으로, 짐승은 비(非)인간으로서가 아니라 그냥 짐승으로서 그 자리에 존재하는 것. 타자를 '발견'하는 것이 아니라 그냥 그 자리에 둠으로서 존재하는 태도, 이것이 윤리적이다. 그러므로, 내가 "걱정하는 마음은 비윤리적이다". 그것은 짐승을 짐승으로 존재하지 못하게 하는 것, 혹은 내가 인간의 존재가 아니라 짐승의 존재태로서 존재하고자 하는 것이기 때문이다.

이 지점에서 서효인은 도덕과 윤리의 대칭을 통해서, 도덕과 폭력이 맺어 온 관계를 드러낸다. 말하자면 그는 이 전쟁을 추동하고 가능하게 하는 근본적인 원리를 '도덕'으로 제시한다. '인간성'의 본질이 '도덕'이라는 것은 상식에 해당한다. 그러나 이 도덕은 사회적 관계를 유지시킨다는 점에서 기존의 질서를 승인하고 그것을 해치지 않는 어떤 가치로 대체된다. 따라서 사실상 서효인의 시가 보여 주는 것은 '도덕=폭력'이라는 등치다. 폭력을 유지해 온 것은 도덕이다. 한쪽에서는 도덕의 이름으로 폭력을 자행하고 또 한쪽에서는 도덕의 이름으로 폭력을 방조함으로써 국가 공동체를 안전하게 유지해 왔다. 그러니 아마도 우리가 짐승으로 남는 것은 비도덕적일 것이지만, 윤리적이다. 이 사회적 관계, 사회적 통합을 강제하는 이 관계성의 망의 완전한 바깥에 그냥 남음으로써, 집단성으로 환원된 모든 폭력의 의미를 무화하는 것이다.

이것이 이 총력전의 시대에 서효인이 제시하는 어떤 윤리적인 '인간'의 태도일지도 모른다. 그렇다면 우리는 다만, 이 사회적 관계를 무시하고 나의 고유성만을 지켜 가면서 살아남으면 되는 것인가? 그것은 불가능할 테다. 우리는 이 폭력의 세기에 태어났다는 것만으로 죄인인, 이 질서 속에서 살아왔다는 것만으로 이미 폭력을 저지른 죄인이기 때문이다.

3 최후의 5분, 내면이라는 게토

폭력은 누구의 것인가? 우리의 침묵은 그들의 행위와 무엇이 다른가? "키옙스키는 어젯밤 처음으로 자위를 했고/ 벽에 튀어 버린 액체를 보고 겁에 질렸다/ 삼촌을 쏘아 죽이던 러시아 소총의 동그란 끝/ 아래위로 움직이던 팔목과 총구/ 알라신은 결코 용서치 않을 것이다"(「체첸 교과서」). 성적 욕망의 분출과 살의의 분출이 동일하게 겹쳐질 때, 두 폭력은 같은 지점에서 마주친다.

무릎까지 차올랐다. 지휘관은 제군들이 자랑스럽다. 너휘 지구의 가장 아래에서 장렬한 최후를 맞을 것이며 조국은 너희를 기억할 것이다. 취사병은 침을 뱉었다. 죽기 전에 수병들이 고해할 것은 차고 넘쳤다. 과연 바다 속살까지 그분 뜻이 닿을 것인가. 하노이의 마을 창고에서 집단으로 저질렀던 추잡한 짓이 떠올랐지만, 기도합시다.

허리가 젖었다. 너희는 오백쉰일곱 척에 달하는 상선을 까부쉈고, 살려 달라 울부짖는 사람들을 과녁 삼아 내기로 소총을 쏘며 낄낄거렸다. 조국은 너희를 기억할 것이다. 사제는 흐느적거리며 양 손바닥을 마주 비볐다. 다른 오락거리가 없었잖아. 그 문어가 진짜 문어였다고 생각해? 수병들은 상상을 자제했지만, 내 탓이오, 내 탓이오.

—「유보트」에서

이 시집에서 가장 문제적인 시 「유보트」는 총력전의 실체를 침몰하는 보트 속의 대혼란을 통해서 보여 준다. 침몰하는 보트 속에서, 지휘관이 쉴 새 없이 반복하는 말, "조국은 너희를 기억할 것이다."라는 말은 폭력을 저지른 인간들, 수병이고 취사병일 뿐인 개인들의 폭력을 국가의 이름으로 정당화한다. 그들이 "하노이 마을 창고에서 집단으로 저질렀던 추잡한 짓"은 자유라는 숭고한 이념을 전하기 위해서였을 수도 있다. 그러나 이 폭력의 순간에, 수병과 피해자 들은 다만 개별적인 인간들이었을 뿐이고 지휘관의 저 장엄한 수사는 수병들이 목도하고 있는 개별적인 신체의 죽음에 숭고한 이념을 덧칠하는 것일 뿐이다. 수병들은 죽음 앞에서 기도하면서, 저 도덕에 구원을 요청한다. "조국은 너희를 기억할 것이다."와 "기도합시다."의 목소리들이 한꺼번에 소용돌이치는 이 침몰하는 보트에서 도덕을 향한 "느린 고해 속, 털보와 취사병과 사제의 삼위는 절묘하게 일치하고" 폭력과 도덕은 이 단말마적인 구원의 요청 속에서 결합된다.

그런데 이 말들의 소용돌이 속에 끼어드는 목소리가 있다. "너희는 오백쉰일곱 척에 달하는 상선을 까부쉈고, 살려 달라 울부짖는 사람들을 과녁 삼아 내기로 소총을 쏘며 낄낄거렸다. 조국은 너희를 기억할 것이다." 이 목소리의 주인공은 누구인가? "조국은 너희를 기억할 것이다."라는 그의 말은 지휘관이 휘두르는 도덕의 수사를 뒤집어 놓는다. 전쟁의 풍경, 다시 말해 '그들의 부정과 폭력'을 지켜보던 자가 목소리들 속에서 튀어나와 폭력의 도덕적 정당화를 방해하고 있는 것이다. 이제 "수상한 먹물처럼 어뢰는 갑자기 터"진다. 마침내 완전한 침몰 속에서 "살 수 있을 거라 생각하나, 이제껏 살아 있었다고 믿었나?"라고 말하는 목소리가 들린다. 이 목소리는 누구의 것인가? 수병인가? 사제인가? 지휘관인가? 누구의 목소리인지는 중요하지 않다. 그것이 폭력을 정당화하는 목소리'들' 속에서 튀어나오고 있다는 것, 다시 말해 목소리들의 내부에 있는 목소리라는 점이 중요하다.

즉, 이 시에서 폭력은 여기에 가담한 모든 이들의 수많은 목소리들이 한꺼번에 '고백'함으로써 드러난다. 폭력을 정당화하려는 거짓 고해의 대혼란 와중에 튀어나온 "모든 게 조국 때문이다. 아니다, 나 때문이다. 아니다, 문어 때문이다. 유보트는 침몰하기 위해 만들어졌지."라는 어떤 목소리는 그들의 폭력과 몰락을 밖에서 구경하고 있는 자의 것이 아니다. 그들의 내면 속에서 튀어나온, 정당화되지 못하고 남겨진 폭력의 잉여. 그러므로 침몰하는 유보트는 인간의 역사, 도덕의 폭력에 대한 유비인 동시에 이 폭력에 참가한 모든 개인들이 겪고 있는 내면의 풍경이다. 모든 개별적인 인간들의, 어쩌면 한 사람의, 그의 내면 속에서 죄를 짓고, 참회하고, 몰락하고, 반성하는 모든 목소리들이 한꺼번에 끓어오르는 것이다.

그는 자신의 내면에서 끓어오르는 폭력의 고백을 토하고, 자기 안에서 세계의 폭력이 대리되고 있음을 발견하는 자다. "아이티에서 진흙 쿠키를 먹는 아이를 보면서 밥을 굶지 말자"라고 다짐하는 나, "모스크바에서 황산을 뒤집어쓴 베트남 유학생 얘기를 들으며 편식하지 말아야지, 생각"하는 나, 이 나의 마음속에서 튀어나오는 어떤 괴물, "마그마처럼 헛구역질을 하며 괴상한 소리를 내 본다. 뜨거운 다짐들이 피부를 뚫고 폭발한다. 바로 이곳에 서 있다. 들끓는 마음을 가진, 괴물."(「마그마」)은 죄를 묻는다. 다른 누구도 아닌, '나'의 죄를.

그러므로 모든 전선(戰線)은 '나'의 안에, 개인의 내부에 그어진다. 인간의 일부로서, 그가 어떤 비난을 자기 내부로 돌리는 것은 필연적이다. "태어나서 죄송합니다/ 미안한 마음으로 참호를 만듭니다"(「헤르체고비나 반성문」)라고 고백하는 것. 그에게 참회는 스스로가 폭력의 일부임을 승인함으로써 가능한 것이다. "그냥 밑으로 파고들기로 합니다/

이사 날의 침대 밑이랄까/ 최후의 5분이랄까/ 인종 청소랄까/ 빵을 위한 새벽의 긴 줄이랄까/ 제단에서 벌이는 린치랄까/ 군인 앞에 선 추녀 이교도랄까/ 유기견의 성대랄까/ 상상해서 죄송합니다/ 말이 많아 잘못했습니다"라는 이 참호는 몰락의 순간에 맞이하는 "최후의 5분"의 공간이다.

  말하자면, "최후의 5분"에 그는 다만 폭력이 소용돌이치는 내면을 가진 자로서 존재한다. 그냥 인간 존재 그 자체다. 그것은 도덕적일 수 없는, 나아가 윤리적일 수도 없는 인간의 비열한 내면을 승인하고 껴안는 것이다. 이것은 자기 부정인 동시에, 나아가 자기 파괴에 이른다. 이 지점에서 나는 더 이상 도덕적인 인간으로서가 아니라, 오직 폭력들이 맞부딪치는 어떤 공간을 껴안고 있는 존재로서 이 제국에 서 있게 된다. 제국의 무차별 폭력 속에서 힘겹게 유지될 수 있는 마지막 공간, 인간 내면의 가장 밑바닥 "최후의 5분"은 최전선에 구축된 작은 해방구다. 해방구는 순결하지 않다. 이 더럽고 시끄러운 내면이 결사대가 존재하는 유일한 게토, 모든 폭력이 마주치는 지점에서 만들어 낸 죄의식의 게토가 아닌가.

  "들끓는 마음을 가진, 괴물"은 결국 폭력의 게토에서 솟아 나오는 하나의 윤리적이고 정치적인 형상, 내면의 폭력을 지니고 자신의 내부에서 폭력의 전선을 마주치게 하며, 인간의 존재를 뚫고 튀어나오는 내면의 짐승이다. 이 마그마의 마음을 지닌 괴물은 총력전의 시대가 산출한 가장 전

위적인 형상이다. 그는 우리의 내부에서 발작하며, 바깥의 폭력을 내부의 폭력으로 끌고 들어와 우리의 견고한 도덕성을 무너뜨린다. 이 괴물의 언어가 과잉된 것은 우연한 일이 아니다. 그는 모든 폭력의 격렬한 부딪침의 불꽃에서 태어나는 짐승, 아마도 모든 계급적인 전선을 파괴하는 유일한 인간의 가장 비열한 방임으로 내려가서 그것을 흔들어 놓는다.

4 지금, 가능한 정치시

백 년 전에는 자본의 진영과 노동의 진영 사이에 거대한 전선이 구축되어 있었던 것일까? 그 전선은 고통받는 사람들이 자신들의 삶의 조건을 부정해서라도 해방의 가능성을 얻기 위해 만들어야만 했던 것일지도 모른다. 적과 싸우기 위해서는 우리의 단결이 필수적이기 때문이다. 그러나 한때 그러한 정치/경제적 혁명의 가능성이 있었다고 하더라도, 초지구적인 자본의 제국이 공고하게 완성된 지금 이 전선의 존재를 믿는 것은 낡은 환상에 붙잡혀 있는 것이다. 나아가 단결과 연대의 힘으로 개인을 호명함으로써 개개의 구체적인 삶의 국면들을 하나의 추상적인 집단으로 환원해 버릴 위험이 크다. 그렇다면 이제 하나의 의문이 생긴다. 연대가 가능하지 않다면, 집단이 되기를 거부함으로써 자신의 고결한 고유성을 지켜 나가는 것만이 정치적인가?

서효인의 이 시집은 이러한 근본적인 의문을 놓고 고민하며, 하나의 대답을 내어놓았다. 블랑쇼가 지적했듯 이제 가능한 계급 투쟁이란 계급 간의 부딪침, 과격하고 파괴적인 접촉 외에 다른 접촉을 불가능하게 만들어 언젠가는 계급 구조의 법칙 자체를 변혁할 수 있는 가능성을 얻는 것이다.* 이 폭력이 맞부딪치는 지점은 자본의 제국 속에 무수히 흩어져 있는 개인들의 끓어오르는 내면들, 게토들이다. 이제 서효인의 파르티잔들, 무한히 분열한 만국의 개인들은 부딪침 그 자체로서 전선을 형성한다. 폭력은 그의 내면 속에서 맞부딪친다. 굉음을 내며 폭발하는 무수한 게토들. 이 내면을 달리 무엇이라 이름 할 수 있을 것인가. 우리는 다만, 서효인을 따라서 "들끓는 마음을 가진 괴물"이라고 부를 수밖에.

죄를 지은 짐승은 자신의 내면에서 부글부글 끓어오르는 수많은 목소리들을 내장한 채 우리에게 말을 건다. 그의 밖, 아마도 그의 곁에 있는 우리들에게. "알아?" "불알이 불안해 자꾸만 움츠러들었어 깊은 주름이 생겼어 엉덩이 속 깊숙한 곳으로 차고 어두운 밤이 좌약처럼 밀려 들어왔어 그 느낌, 몰라?"(「부서지는 종소리」) 우리의 편안한 마음에 깃들어 있는 차고 어두운 밤에 대해서. 그는 대답

---

* 모리스 블랑쇼, 고재정 옮김, 「전쟁 상황」, 『정치 평론』(그린비, 2009), 131쪽.

을 기대하지 않고 내면의 죄의식과 불안에 대해 고백하며, 우리의 대답을 기다리지 않고 대답한다. 그의 목소리는 우리로 하여금, 우리의 가장 밑바닥에 있는 어떤 편안한 도덕의 비윤리성을 끄집어낸다. "알아? 땅바닥에 귀를 대면 들릴지도 몰라 희뜩한 길거리의, 부서지는 종소리". 우리는 대답하지 않겠지만, 그를 따라 땅바닥에 귀를 대어 볼 수도. 들려오는 것은 인간의 견고한 존재가 부서져 내리는 소리일 수도.

서효인

1981년 광주에서 태어났다.
2006년 《시인세계》로 등단했으며 시집 『소년 파르티잔 행동 지침』이 있다.
현재 '작란(作亂)' 동인으로 활동 중이다.

백 년 동안의 세계대전

1판 1쇄 찍음 · 2011년 12월 9일
1판 1쇄 펴냄 · 2011년 12월 16일

지은이 · 서효인
발행인 · 박근섭, 박상준
편집인 · 장은수
펴낸곳 · (주)민음사

출판 등록 1966. 5. 19. 제16-490호
서울시 강남구 신사동 506번지 강남출판문화센터 5층 (우)135-887
대표전화 515-2000 / 팩시밀리 515-2007
www.minumsa.com

ⓒ 서효인, 2011. Printed in Seoul, Korea
ISBN 978-89-374-0796-3 (03810)

* 이 책은 2011년도 서울문화재단의 문화예술창작지원금을 받았습니다.